PAULO NOGUEIRA

BREVE HISTÓRIA DAS
ORIGENS DO
CRISTIANISMO

EDITORA
SANTUÁRIO

Direção Editorial:	Pe. Fábio Evaristo R. Silva, C.Ss.R.
Conselho Editorial:	Ferdinando Mancilio, C.Ss.R.
	Gilberto Paiva, C.Ss.R.
	José Uilson Inácio Soares Júnior, C.Ss.R.
	Mauro Vilela, C.Ss.R.
	Marcelo da Rosa Magalhães, C.Ss.R.
	Victor Hugo Lapenta, C.Ss.R.
Coordenação Editorial:	Ana Lúcia de Castro Leite
Revisão:	Bruna Vieira da Silva
Diagramação:	Mauricio Pereira

Dados Internacionais de Catalogação na Publicação (CIP)
(Câmara Brasileira do Livro, SP, Brasil)

N778b
    Nogueira, Paulo Augusto de Souza

    Breve história das origens do cristianismo / Paulo Augusto de Souza Nogueira. - Aparecida, SP : Editora Santuário, 2020.
    200 p. ; 14cm x 21cm.

    Inclui bibliografia e índice.
    ISBN: 978-85-369-0614-0

    1. Cristianismo. 2. História. 3. Origem. I. Título.

2019-1937   CDD 240
                                                                              CDU 24

Elaborado por Vagner Rodolfo da Silva - CRB-8/9410

Índice para catálogo sistemático:
1. Cristianismo 240
2. Cristianismo 24

1ª impressão

Todos os direitos reservados à **EDITORA SANTUÁRIO** – 2020

Rua Pe. Claro Monteiro, 342 – 12570-000 – Aparecida-SP
Tel.: 12 3104-2000 – Televendas: 0800 - 16 00 04
www.editorasantuario.com.br
vendas@editorasantuario.com.br

Dedicatória
A meu querido filho Daniel,
meu xodó.

Prefácio

As origens do cristianismo parecem ser um tema óbvio e fácil de se abordar. Afinal, o cristianismo não é a maior religião do mundo? Não é ele a religião praticada pelas populações das maiores potências econômicas e políticas? E não é o cristianismo a religião que tão profundamente influenciou a cultura ocidental? Abordar a história das origens cristãs seria então narrar as linhas de continuidade entre o passado e o presente. Tampouco deveríamos ter surpresas nos temas a serem tratados. O cristianismo procede de Jesus de Nazaré e dos apóstolos. O que haveria de surpresa nisso?

Pois bem, as origens do cristianismo são tudo menos um tema óbvio e fácil. O cristianismo surge de um movimento profético na Galileia no final da década de 20 da era comum. A partir de um profeta messias que foi rejeitado e executado pelas autoridades. Esse movimento era camponês, sua atividade profética era oral. Não havia sede fixa, pois os profetas perambulavam de aldeia em aldeia anunciando a "Boa-Nova". Algumas décadas depois, esse novo movimento religioso estava espalhado por importantes cidades do Império Romano, no oriente e no ocidente. As comunidades se organizavam agora em casas e se comunicavam umas com as outras por meio de escritos elaborados. O que dizer de suas crenças? Sabemos que havia uma grande pluralidade de ensinos, devoções ao Cristo, formas de culto, de organização etc.

Além de muito plurais, as origens cristãs também devem tratar dos grupos que no início eram representados, mas, que, por diferentes motivos, perderam vez e voz. Muitos só conhecemos por meio de testemunhos de outros textos que os criticavam. Recuperar essas vozes silenciadas é um exercício importante para percebermos que muito do que cremos ser tradicional e necessário é fruto de escolhas e de embates.

Estudar as crenças e práticas religiosas dos primeiros cristãos é um exercício muito proveitoso por, no mínimo, dois motivos. O primeiro é que nos mostra que o que se acredita ser alicerce da sociedade cristã não pode ser atribuído aos primeiros cristãos de forma acrítica. As posturas monolíticas que tentam fazer das origens o fundamento indiscutível de suas práticas, na verdade, querem fundamentar suas posturas com uma aura de ancestralidade e autoridade. Temos que rejeitá-las criticamente. O segundo motivo tem a ver com as descobertas que poderemos fazer em nossa incursão na espiritualidade de homens e mulheres, velhos e crianças, livres e escravos, que eram devotos do Cristo e que constituiam uma comunidade de irmãos, apesar de suas diferenças. A delicadeza de sua espiritualidade e as formas como se inserem em seu mundo social nos servem de exemplo e motivação.

Escrever uma obra de divulgação é uma tarefa difícil. A produção acadêmica sobre as origens do cristianismo é imensa. Nos EUA e na Europa esse tema é dividido em duas áreas: Novo Testamento e Estudos de Cristianismo Antigo (Early Christian Studies). Temos que transitar entre as duas, pois não queremos nos limitar a abordar as fontes do Novo Testamento. Nesse sentido escrever é escolher e, de alguma forma, deixar coisas de fora. Isso não significa, no entanto, que tenhamos simplificado as origens, em favor de um didatismo condescendente. Nosso desejo é oferecer ao leitor leigo um quadro de temas, de bifurcações, de dilemas da pesquisa, em linguagem não especializada. Esperamos que o leitor possa fazer proveito da bibliografia em língua portuguesa que selecionamos e comentamos no final da obra. Nesse sentido este livro é um convite ao aprofundamento.

Gostaria de agradecer a algumas pessoas que leram parte deste texto quando ainda estava sendo redigido e que me incentivaram a continuar. Em especial agradeço a André Nogueira, meu filho, que, ao me ver absorto em outras atividades, com insistência perguntava: e o livro, quando sai? Também me motivou a escrever, fazendo contato com a Editora Santuário, o editor e amigo, Marcos Simas. A ele meu agradecimento. Também agradeço ao padre Fábio Evaristo, diretor da Editora Santuário, por receber e aprovar este livro quando era apenas um projeto. Ainda que esta obra seja de divulgação, eu não a teria escrito fora do âmbito do projeto de pesquisa Cristianismo Primitivo como Cultura Popular do Mediterrâeo, que contou com precioso financiamento da FAPESP, na qualidade de projeto regular. Também fui apoiado por bolsa produtividade do CNPq, a quem agradeço igualmente. Por fim agradeço a amigos e parceiros com quem tenho partilhado esses temas das origens do cristianismo, em especial aos pesquisadores e pós-graduandos do Grupo Oracula, da Universidade Metodista de São Paulo.

Introdução

O ano é 111 de nossa era. O local, a província romana do Ponto e da Bitínia, na atual Turquia. O assunto: uma denúncia anônima contra pessoas acusadas de fazerem parte de um grupo religioso que as autoridades não conheciam muito bem, mas que se suspeitava ser perigoso. O governador da província, Plínio o Jovem, tomou medidas a respeito que fez questão de relatar ao Imperador Trajano em uma carta, o primeiro documento oficial romano que faz referência aos cristãos. Seu procedimento foi simples e pragmático. Entrevistou os acusados, perguntando uma, duas, três vezes se eram cristãos, com ameaças de suplício. Os que perseveraram na confissão de ser cristãos foram executados. Os cidadãos romanos foram enviados à capital para julgamento. Quanto aos que negaram ser ou terem sido cristãos, esses foram obrigados a provar que renunciavam a essa religião por meio de um ritual: invocar os deuses, sacrificar incenso e vinho diante da estátua do imperador e, por fim, blasfemar contra o Cristo. Mesmo os que confessaram terem sido cristãos no passado, uma vez submetidos a esse ritual, eram liberados. Se supunha que nenhum cristão teria suportado esse ritual. Confessar ser cristão, no entanto, era intolerável para o governador. Ainda que Plínio não tivesse muita noção do que era ser cristão, ele definia essa religião como "loucura", como "superstição insensata e exagerada". Plínio também revelou ao Imperador Trajano que os membros desse desconhecido grupo religioso abrangiam ambos os sexos, diferentes idades, classes sociais, gente da cidade e do campo. E seu crescimento religioso parecia já prejudicar os cultos tradicionais, uma vez que os templos se encontravam vazios e a carne dos sacrifícios não encontrava compradores.

Perguntamo-nos: com que tipo de gente Plínio se deparou? Que tipos de práticas e crenças seus interrogatórios revelaram? O que caracterizava esse grupo de cristãos do segundo século? Que quadro emerge dessa descrição de um grupo religioso que era percebido pelo poder como tão ameaçador à boa ordem social? Os que confessaram terem sido cristãos no passado descreveram suas práticas religiosas de forma singela, como: se reuniam em um dia fixo (no sábado, no domingo?), antes do nascer do sol, cantavam entre si hinos a Cristo, "como a um Deus", comprometiam-se a não cometer crimes segundo uma lista (não roubar, não adulterar, não faltar à palavra dada). Também tinham o costume de tomar uma refeição singela. O governador, no entanto, não satisfeito com essas informações, mandou, segundo o costume romano, "extrair a verdade", por meio de tortura de duas escravas, que eram chamadas de "diaconisas". Segundo ele, não encontrou nada mais que "uma superstição insensata e exagerada".

Façamos o exercício de reconstruir, mesmo que, hipoteticamente, as práticas desses cristãos a partir das informações anteriores. Eles se reuniam antes do sol nascer nos sábados ou domingos, louvavam ao Cristo entoando hinos, comprometiam-se a cumprir as leis de Deus recitando o decálogo (os dez mandamentos da lei de Moisés) e, por fim, tomavam a eucaristia. Essa descrição combina perfeitamente com o que imaginamos ser um culto de uma comunidade cristã ou judaico-cristã no primeiro ou segundo século. Hinos, sermão, eucaristia. Tudo isso celebrado nas casas, de madrugada, antes do início da jornada de trabalho. Isso indica que se tratava de um grupo de gente simples, de trabalhadores braçais, que tinha de atender a suas responsabilidades. O fato de as únicas lideranças do grupo mencionadas na carta serem duas escravas, chamadas de "diaconisas", também revela algo de seu perfil social. O documento não menciona nenhum bispo, nenhum teólogo, nem doutrinas complexas.

Infelizmente, não sabemos muito do que o cruel governador conseguiu ouvir a partir da tortura das duas escravas, as diaconisas. Sequer conhecemos seus nomes. Escravos não eram gente. Plínio, a partir de sua posição de poder, como representante do Imperador, mas também de seu lugar de homem de cultura elitista, não se deu ao trabalho de caracterizar o conteúdo da confissão das duas mulheres, dizendo apenas se tratar de "superstição insensata e exagerada". O que viria a ser isso? O que teria escandalizado tanto ao governador, que o teria levado a desprezar seu conteúdo, a ter sequer narrado o que ouviu? Quais as crenças e as práticas que lhe teriam contado as duas líderes da igreja? O que elas teriam testemunhado em meio ao suplício?

Essa "superstição insensata e exagerada", as crenças e práticas de cristãos e cristãs comuns, constituem o tema deste livro. Ainda que se possa ler a carta de Plínio e toda a documentação pagã e mesmo cristã para analisarmos as relações entre os cristãos e o poder romano, nosso objetivo será outro, mais delicado, o de adentrar no universo das narrativas, crenças, expectativas, medos e esperanças dessas pessoas comuns que, de alguma forma, se identificavam com Jesus de Nazaré, que se reuniam para praticar devoção à sua pessoa, para se organizarem como comunidade em torno de seu nome. O que seria esse universo de narrativas, cânticos, pregações, ações simbólicas, formas de comportamento, esperanças, que o governador Plínio se dá ao trabalho de resumir em uma expressão tão econômica e ácida como "superstição insensata e exagerada"?

Nossa tarefa, ainda que fascinante, não será fácil e nos impõe uma postura, ao mesmo tempo, imaginativa e cuidadosa. Nunca poderemos saber exatamente no que criam as escravas da Bitínia. Mesmo se tratando de um grupo religioso composto, em sua grande maioria, de gente simples, iletrada, subalterna, os cristãos se compunham de uma diversidade de forma de organizações comunitárias e de uma pluralidade de crenças religiosas. Sua devoção ao Cristo era multifacetada. Isso nos imporá um roteiro muito amplo, visitando testemunhos dos primeiros cristãos em textos dos mais diversos. A maior parte deles se encontra no que se convencionou chamar de Novo Testamento, a escritura cristã, que complementa o que também se convencionou chamar de Antigo Testamento. Vários escritos antigos dos primeiros cristãos (cartas, narrativas) foram reunidos em uma biblioteca de 27 livros. Esses livros têm em comum versarem sobre a vida de Jesus de Nazaré, a atuação de seus primeiros seguidores e por registrarem cartas nas quais são dadas instruções para as comunidades sobre os mais diferentes aspectos de sua vida. Apesar de eixos comuns, essas obras são muito diferentes entre si, contribuindo com um quadro plural de memórias sobre Jesus e de práticas religiosas inspiradas nele.

Há outros testemunhos importantes, antigos e originais, fora do Novo Testamento, que também devem ser levados em conta em uma reconstrução das crenças e práticas dos primeiros cristãos. Trata-se dos escritos apócrifos e de documentos dos primeiros pais da igreja, os chamados Pais Apostólicos. Nos textos apócrifos encontramos mais testemunhos antigos sobre a vida e as crenças dos primeiros cristãos. Faremos uso deles, aqui e ali, para completar o quadro já bastante plural que encontramos no Novo Testamento. Nosso objetivo não será encontrarmos uma teologia do Novo Testamento, ou a versão original do que foi o cristianismo, mas abrir possibilidades de compreensão da vida concreta desses homens e dessas mulheres que corajosamente se organizaram a partir de encontros com o Cristo.

No capítulo que segue, vamos discutir brevemente alguns pressupostos para entendermos nossa tarefa, o estudo do cristianismo das origens. Vamos nos distanciar de um olhar dogmático, permitindo-nos criar hipóteses históricas que recriem esse universo diante de nossos olhos. Nosso foco serão as crenças e práticas concretas, que estão mais retratadas nas narrativas e na poesia dos primeiros cristãos, organizando sua vida, em diferentes partes do Império Romano.

1

Cristianismo Primitivo? Que nome é esse?

Neste livro vamos estudar o cristianismo das origens. O tema é muito importante, por vários motivos. Para cristãos de diferentes grupos e denominações, o cristianismo das origens é uma imagem do que teria sido o cristianismo verdadeiro, que serve de inspiração para crenças e práticas atuais. Há comunidades que se separam de suas instituições eclesiásticas tradicionais para recriar, em pleno século XXI, a "igreja primitiva", ou para viver conforme os apóstolos viviam. Temos, no entanto, motivos para desconfiar que o que chamam de "igreja primitiva" é repleto de projeções de ideais e modelos contemporâneos. De fato, os primeiros cristãos, de certa forma, induzem-nos a uma visão idealizada do que teria sido a igreja das origens. Na primeira história do cristianismo, no livro dos Atos dos Apóstolos, encontramos uma visão romântica de cristãos do final do primeiro século e do começo do segundo sobre como teriam vivido os apóstolos em Jerusalém, após a ressurreição e ascensão de Jesus:

> Eles mostravam-se assíduos aos ensinamentos dos apóstolos, à comunhão fraterna, à fração do pão e às orações. Apossava-se de todos o temor, pois numerosos eram os prodígios e sinais que se realizavam por meio dos apóstolos. Todos os que tinham abraçado a fé reuniam-se e punham tudo em comum: vendiam suas propriedades e bens, dividiam-nos entre todos, segundo as necessidades de cada um. Dia após dia, unânimes, mostravam-se assíduos no Templo e partiam o pão pelas casas, tomando o alimento com alegria e simplicidade de coração. Louvavam a Deus e gozavam da simpatia de todo o povo. E o Senhor acrescentava a cada dia ao seu número os que seriam salvos (At 2,42-47).[1]

Não temos motivos para duvidar que esse fosse o ideal dos primeiros cristãos e cristãs, ou que em muitos momentos essas práticas tenham sido parte de sua vivência. Mas descrever a vida dos primeiros cristãos, dessa forma, parece mais a apresentação de um ideário comunitário, do que uma imagem do que teria sido a vida desses grupos cotidianamente. De fato, basta ler atentamente o próprio livro de Atos para perceber que há relatos de bens que não foram divididos de forma correta, de líderes que

---

[1] Todas as citações bíblicas conforme a Bíblia de Jerusalém.

discutiam entre si, de divergências nas crenças e costumes.

Quando estudado em documentação mais ampla, criticamente, o cristianismo nas origens se apresenta como um grupo plural, com diversidade de práticas e crenças religiosas, com tensões e conflitos entre suas autoridades. O que os mantinha juntos era uma intensa necessidade de comunicação, de constante construção de redes de diálogo e debates, por meio de encontros, de troca de correspondência e de textos. Era um grupo plural, que, no entanto, não abria mão da necessidade de se entender como um todo.

Ao nomearmos o tema do nosso livro como "cristianismo das origens" ou "cristianismo primitivo" não pretendemos mistificar o conceito, como se esse cristianismo fosse um modelo unificado, ou um ideal cristalizado. Com esses conceitos queremos nos referir a conjuntos de comunidades cristãs dos primeiros séculos que, de uma forma ou de outra, se entendiam como parte de um todo, de uma *oikoumene*, a despeito de muitas variações nas expressões, nas narrativas, nos símbolos, nas formas de organização, no ritual etc. Trata-se de muitas comunidades do Cristo, com suas multiformes devoções e memórias.

Durante os três primeiros séculos, ser cristão era participar de processos de criação, de escolhas, dentre diferentes e variadas alternativas, de conjuntos de crenças e práticas religiosas, do que viria a ser depois a religião oficial do Império Romano e, posteriormente, no mundo moderno, uma das maiores religiões mundiais. No entanto, muitas das alternativas que estudaremos aqui são bifurcações sem continuidade, foram esforços criativos de entender a si mesmo no mundo a partir de sua fé, que por diferentes motivos não tiveram seguimento. Isso requer de nossa leitura delicadeza para imaginar o que não seguiu, as alternativas de homens e mulheres de fé que não tiveram continuidades. Lá no passado elas podem estar apontando para nós em busca de ecos; elas seguem nos oferecendo alternativas que podem ser recriadas. Imaginar o que não seguiu nos permite ver também as continuidades como contingentes, históricas e não como essenciais e necessárias.

Não são somente grupos religiosos que pretendem fundamentar sua fé e suas comunidades no "cristianismo verdadeiro", que seria o cristianismo das origens. Há também certo alinhamento entre poder político e ideologias ocidentais que se consideram herdeiras do cristianismo. Formas de governo, de organização da família, das relações entre os sexos, no mundo do trabalho, na educação das crianças, todos esses modelos de funcionamento e organização da sociedade são de alguma forma percebidos como *naturalmente* cristãos. Essa ideologia da sociedade cristã ocidental também pretende remeter os fundamentos de suas ideias às origens. Nomear e configurar origens é um procedimento de blocos de poder. Nossas incursões neste livro, no entanto, nos conduzirão a um mundo religioso exótico, que não pode simplesmente ser encaixado em doutrinas e ideologias dominantes. Ler as origens do cristianismo, historicamente, em sua complexidade, é uma ação política importante e necessária em nossa sociedade: é um espaço de diálogo e debate sobre o nosso mundo, sobre a nossa sociedade. Também pode ser um exercício de espiritualidade. Os símbolos antigos seguem pulsando, pedindo para dialogar conosco.

2

Quando começa? Quando termina?

Quando começou o cristianismo? Essa pergunta é mais difícil de responder do que se imagina. A primeira resposta, que parece óbvia, seria: com a vida de seu fundador. No entanto, há muito a pesquisa afirma, e com razão, que Jesus de Nazaré pode perfeitamente ser compreendido dentro do judaísmo, como um praticante da religião de Javé, em seguimento à Torá e aos profetas. Jesus não tinha como objetivo criar uma igreja cristã. Ele foi um profeta que buscava a renovação de Israel. O tema central de sua pregação era a conversão, o arrependimento de pecados e a preparação para o reinado de Deus que estava chegando. Apenas após sua morte e o anúncio de sua ressurreição é que ele passa a ser o centro da pregação de um grupo que se diz o continuador de sua mensagem: os cristãos. O fato, porém, é que nas fontes mais antigas sobre Jesus não encontramos referências a uma igreja.

As comunidades primitivas, por sua parte, é que buscam essa identificação entre o destino violento sofrido por Jesus e sua vindicação por parte de Deus na ressurreição, com suas próprias vidas. Essa ligação com Jesus é uma aposta, é um pedido. Há uma delicada, mas criativa, relação entre essa identificação dos cristãos, em especial os gentios, com Jesus.

Se não podemos afirmar com certeza que o cristianismo se origina com a pregação e atuação de Jesus de Nazaré, que alternativas teríamos? Seria com o anúncio de seus seguidores que, após sua morte, ele ressuscitou? Essa é uma possibilidade a ser considerada. Um famoso pesquisador afirmou que muito mais foi dito sobre Jesus após a Páscoa (morte e ressurreição) do que antes. Não podemos debater essa controversa afirmação aqui. Mas é fato que há uma intensificação no desenvolvimento de devoção e crenças sobre Jesus de Nazaré após a Páscoa. Isso se chama cristologia: a busca por compreender quem foi Jesus de Nazaré e o que ele significa para seus seguidores.

Talvez a resposta esteja em um meio termo. Jesus e os cristãos têm continuidades. Os últimos não teriam sentido sem ele. Os apóstolos, autoridades fundantes no movimento cristão, remetem a Jesus de Nazaré, foram seus companheiros e, depois, suas testemunhas. No entanto, Jesus tem de ser sempre atualizado e ressignificado para seus seguidores. A fé em Jesus não é estática, dada de uma vez por todas. Nem é uníssona. Muito se criou e se debateu sobre ele e sobre sua presença entre as comunidades.

Se a origem do cristianismo se estende entre a pregação de Jesus e os primeiros debates de seus seguidores sobre sua importância após o anúncio de sua ressurreição, o que dizer do *até quando* vai esse período que chamamos de "cristianismo primitivo"? Há uma tendência a considerar que o cristianismo primitivo vai até o final do primeiro século da era comum, no período em que está tradicionalmente datada a redação dos textos do Novo Testamento. Mas esse não é o nosso tema. Queremos entender o cristianismo antigo de forma mais ampla e não a partir dos limites do cânon.

Quando então encontramos rupturas que nos permitem falar de uma nova fase em relação às origens? No começo do quarto século, após a chamada "conversão de Constantino", em 312, o cristianismo passou por rápidas e radicais transformações. Ele passou a ser progressivamente cooptado pelo poder imperial, seus bispos passaram a ter acesso a poder e influência de forma antes inimaginável. Em 380, o Imperador Teodósio I declara o cristianismo ortodoxo a religião do estado, proibindo os cultos pagãos. Antes dessas mudanças decisivas, o cristianismo é quase exclusivamente uma religião de pessoas das classes subalternas do Império, considerada pelas autoridades como superstição, religião de ignorantes, passível de perseguição. É fato que no primeiro século o cristianismo passou quase despercebido pelo poder imperial, mas já havia tensões e medos no ar. Essas tensões se tornam realidade em meados do segundo século, quando há perseguições sistemáticas contra os cristãos. Não há mais contexto para essas perseguições de 312 em diante, afinal o Imperador Constantino se declara cristão. Trata-se de um divisor de águas. Nos parece que para uma abordagem que privilegia desenvolvimentos históricos, a constituição de uma rede ampla de comunidades, diálogos e intercâmbios com a cultura popular do Mediterrâneo, uma cronologia ampla é mais adequada.

Na perspectiva das fontes para o estudo do cristianismo das origens é necessário incluir junto com o Novo Testamento a literatura apócrifa. A diferença entre textos canônicos e apócrifos foi estabelecida apenas nos concílios eclesiásticos do quarto século. Os apócrifos, ao contrário do que se diz, não representam um cristianismo herético ou oculto, antes se trata de testemunhos de crenças, narrativas e práticas das comunidades cristãs de gente simples e subalterna. Em nossa análise não podemos abrir mão dos apócrifos, afinal eles nos permitem estudar crenças, relatos e rituais cristãos muito antigos. Em nossa abordagem focaremos em fontes dos dois primeiros séculos, ainda que muitos dos processos que descreveremos seguem no terceiro. As datações não devem ser consideradas absolutas. Os processos histórico-culturais não respeitam limites cronológicos definidos. O cristianismo ainda segue uma religião de classes baixas, mesmo após a conversão do Imperador. A religiosidade popular é um dos motores de sua espiritualidade até a antiguidade tardia.

3

Do que se diferencia?
A que se associa?

O que torna o cristianismo primitivo diferente dos demais grupos religiosos no mundo antigo? Essa é uma questão sobre a relação do cristianismo das origens com suas duas matrizes religiosas: o judaísmo e a religiosidade popular do Mediterrâneo. Em relação ao judaísmo, há sérias dúvidas sobre se os cristãos das primeiras décadas se consideravam algo mais que um grupo profético de renovação do judaísmo, principalmente, entre as comunidades da Palestina. Mesmo na diáspora, onde havia uma vibrante comunidade judaica de língua grega, havia judeus cristãos que tendiam a entender sua pertença ao Cristo como uma extensão de sua identidade judaica. Afinal, eles criam em um Messias judeu, que, entre suas metas, anunciava o reinado de Deus e a renovação de Israel no final dos tempos. Esses são temas essencialmente judaicos. Em suas formas de espiritualidade os cristãos seguem práticas e rituais judaicos, ainda que adaptados, como é o caso do batismo e da eucaristia. As formas litúrgicas cristãs adaptam elementos da liturgia judaica. Por esses e outros motivos, podemos afirmar que até o segundo século adentro, o cristianismo tem uma relação fluída e ambígua em relação ao judaísmo. Fluída porque há crenças e ritos judaicos cultivados entre cristãos; ambígua porque enquanto alguns grupos cristãos se declaravam judeus, como é o caso do cristianismo ebionita, outros combatiam cristãos "judaizantes". Como veremos adiante, há escritos no próprio Novo Testamento que insistem no cultivo de uma identidade cristã judaica e outros que buscam distanciamento dela.

Os primeiros cristãos também pertencem da mesma forma à cultura popular do mundo Mediterrâneo, partilhando, portanto, de modelos de religiosidade dela advindas. Em nossa abordagem não pensamos em um corte étnico, contrapor judeus versus pagãos, mas em estudar práticas que refletem um *etos* de classe, ou seja, o cristianismo do povo simples. Nesse sentido, nem mesmo o judaísmo estava isento de relações com a cultura popular, refletindo-a em vários aspectos. Se, por um lado, os cristãos (como bons seguidores do judaísmo) rejeitavam o politeísmo, por outro lado, eles cultivavam diversas práticas da religiosidade popular do mundo antigo. Mencionemos por agora os milagres, considerados típicos da religião do povo. Há informações sobre milagreiros judaicos como Hanina ben Dosa, que seguem a tradição de Elias e Eliseu. No mundo grego também encontramos milagreiros viajantes, como Apolônio de Tiana. Os primeiros cristãos são praticantes de milagres de cura e de exorcismo, como podemos constatar nos evangelhos e no livro de Atos dos Apóstolos. Nesse aspecto eles refletem práticas religiosas comuns a judeus e a pagãos das camadas dos estratos subalternos e populares. Essas práticas, quando observadas de perto, aproximam muito judeus e pagãos.

Estudar o cristianismo das origens não pode, portanto, implicar em separá-lo de seu contexto histórico e cultural mais amplo, com o qual ele tem relações profundas.

4

Qual nosso foco: Pessoas? Organização? Comportamentos? Crenças? Ideais?

Do que devemos tratar em uma história do cristianismo primitivo? Da biografia de líderes? Essa é uma abordagem possível. Poderíamos nos dedicar a estudar, por exemplo, a vida do apóstolo Paulo de Tarso ou de Inácio de Antioquia. É verdade que sabemos relativamente pouco sobre esses personagens e que as fontes sobre a vida deles são muito fragmentárias. Mesmo assim, eles poderiam ser o foco de nossa apresentação. Ou deveríamos estudar a história institucional do cristianismo? Quais os líderes, que cargos ocupavam, como era estruturada a hierarquia? Essa é outra abordagem possível, uma vez que os cristãos se organizavam como uma microssociedade, com normas, lideranças, formas de beneficência, relações com grupos externos etc.

Entendemos, no entanto, que em nosso exercício de imaginar as origens cristãs, seus desenvolvimentos, suas redes de comunicação e sua criatividade simbólica, nosso foco deve estar posto no estudo de crenças, modelos de compreensão de mundo, em suas narrativas e rituais, além de suas práticas religiosas. O estudo de um grupo religioso *de dentro para fora*, ou seja, a partir de suas referências narrativas, imagéticas, simbólicas, para a estrutura social, interna e externa, permite um olhar privilegiado do dinamismo e da diversidade do grupo. Trata-se de uma abordagem que não exclui as que listamos acima. De fato, ela determina o movimento que faremos de dentro para fora, das formas de conceber o mundo para fora, da imaginação para as práticas na sociedade.

Há uma premissa moderna que, no entanto, não pode limitar nossa análise da origem do cristianismo. Trata-se da premissa dominante em certa historiografia de absoluto primado do factual. Ou seja, só seria digno de abordagem e de estudo o que comprovadamente aconteceu ou o que pode ser comprovado como possível de ter acontecido. Esse modelo historiográfico advindo da modernidade, desconsidera que pessoas e grupos sociais são tão determinados e motivados por imagens, ideias, crenças e modelos, quanto por determinantes concretas. Parodiando um famoso sociólogo: uma sociologia da religião não deve se ater a estudar apenas o homem desperto, em suas relações de trabalho, econômicas etc., mas também deve se ocupar de seu universo de sonhos e de processos imaginativos, no qual seus desejos e temores mais profundos se manifestam. As crenças e as narrativas, mesmo as mais fantásticas e grotescas, devem ser objeto de nossa apresentação do cristianismo primitivo. Também devemos observar que a ideia de fatos históricos brutos é uma fantasia cientificista e asséptica. Toda história, na verdade, é determinada pelas formas de narrar os fenômenos. Não nos interessamos por fetiches científicos como o "Jesus histórico", ou o que de fato ocorreu, mas sim pela história viva dos primeiros cristãos, narradas por seus modelos culturais, com suas sensibilidades e valores.

5

João Batista

É impossível falar de origens do cristianismo e no movimento profético de Jesus sem fazer referência a João Batista. Todos os quatro evangelhos do Novo Testamento promovem uma reflexão narrativa sobre as relações de Jesus com João e do significado de sua missão, após a prisão de João. Tudo isso se deve a um fato: João foi um profeta de muito prestígio na Judeia até sua execução, em 27 ou 28 EC. Também podemos conjecturar que Jesus teria sido discípulo de João e que a tomada de consciência de seu papel profético e messiânico se deu no batismo no Jordão (Mc 1,9-11). A relação entre João e Jesus é tão marcante para a vida e missão do segundo que os evangelhos de Marcos e de João iniciam suas narrativas, tão diferentes entre si, a partir de um ponto de partida comum: o batismo e a pregação de João. Sua missão só pode começar após o batismo por João.

Na tradição cristã o nome de João é automaticamente associado ao papel de precursor de Jesus o Messias. Segundo o Evangelho de Marcos, João disse:

> "Depois de mim, vem aquele que é mais forte do que eu, de quem não sou digno de, abaixando-me, desatar a correia das sandálias. Eu vos batizei com água. Ele, porém, vos batizará com o Espírito Santo" (Mc 1,7-8).

Podemos suspeitar, no entanto, que essa versão da pregação de João tenha sido cristianizada. O mais provável é que João tenha anunciado o Messias, ou mesmo a vinda de Deus ("o que é mais forte do que eu"), para executar o juízo (o "batismo com fogo"). Ou seja, seu batismo com água para purificação de pecados seria o ritual para penitência, para preparação para a salvação no juízo divino. Os cristãos, por sua vez, transformam "o mais forte" em Jesus e seu batismo em um ritual preparatório para o batismo com o Espírito Santo, o verdadeiro sentido do batismo com fogo. Fato é que até os anos 50 adentro ainda encontramos cristãos discípulos de João Batista, mesmo na diáspora judaica, como em Éfeso (At 18 e 19), que conheciam apenas seu batismo. O batismo que preparou Jesus para sua missão era entendido como suficiente para a salvação deles também.

6

O início: o batismo de Jesus e a audição celeste

O batismo de Jesus marca o começo de sua missão como profeta. Pouco ou nada sabemos sobre ele antes desse marcante evento. As narrativas sobre o nascimento de Jesus nos evangelhos de Mateus e de Lucas são criações lendárias, piedosas, da mesma forma como são lendárias as narrativas apócrifas sobre suas aventuras na infância (como, por exemplo, no Evangelho do Pseudo-Tomás ou no Evangelho Árabe da Infância, entre outros). Todas elas têm objetivos edificantes, quando não de entretenimento. Afinal, quem não ficaria curioso em saber sobre o nascimento ou a infância do messias?

O Evangelho de Marcos, o mais antigo, inicia com o relato do batismo de Jesus. Nada é dito sobre sua origem, sobre sua infância, sobre suas atividades até então como adulto, uma vez que com cerca de 30 anos já era um homem maduro. Nada disso interessa. João é o que prepara o "caminho do Senhor", e por ele Jesus é batizado. O batismo de Jesus é tão fundamental no "empossamento" profético de Jesus, que ao subir da água, ele viu os céus se abrindo e o Espírito Santo descer sobre ele como uma pomba. E ele teve uma audição: "Tu és o meu filho amado, em ti me comprazo" (Mc 1,10-11). Essa voz celestial só será ouvida novamente em sua transformação na montanha, acompanhado de Moisés e Elias (Mc 9,7).

A partir desse acontecimento e após vencer as tentações de Satanás no deserto, Jesus inicia sua pregação, pois ele é antes de tudo um profeta. Sua pregação é, de certa forma, uma continuidade da pregação de João:

> "Cumpriu-se o tempo e o Reino de Deus está próximo. Arrependei-vos e crede no Evangelho" (Mc 1,15).

A ênfase no "reinado de Deus" e nas "boas novas" (evangelho) são as novidades que ele traz em relação à pregação de juízo de João.

7

Camponeses visionários

Jesus é o fundador de um movimento profético na região rural da Galileia. Apesar dos relatos de nascimento de Jesus nos evangelhos de Mateus e de Lucas o localizarem em Belém, atendendo expectativas de uma linhagem davídica, ele tem sua origem em Nazaré, talvez tendo inclusive nascido lá. Nazaré era uma pequena vila rural na baixa Galileia. Ela ficava a uns 6 km ao sudeste de Séforis, que nesse período era uma cidade romana, ainda que também habitada por sacerdotes judeus. É curioso que não tenhamos qualquer referência a Séforis nos evangelhos e em todo o Novo Testamento. Seria o mesmo que relatar a vida de um morador de Cotia, na Grande São Paulo, e nunca fazer qualquer referência a São Paulo. Podemos desconfiar que esse silêncio não é inocente, que antes é fruto de ressentimento entre os camponeses e essa cidade de cultura estrangeira, que abrigava burocratas, cobradores de impostos e sacerdotes latifundiários.

José era pedreiro de profissão, um trabalhador braçal (*téktwn*, em grego). A tradição cristã o identifica, romanticamente, com um carpinteiro. Pedreiros e trabalhadores braçais eram necessários para construção em centros urbanos, mesmo pequenos como Séforis. Podemos conjecturar que José e Jesus tenham sido requisitados para a construção de casas e prédios públicos em Séforis. Não raramente, a ficção nos permite imaginar contextos sociais que o trabalho acadêmico não admitiria. Na obra *O Evangelho Segundo Jesus Cristo*, de Saramago, José, o pai de Jesus, é apresentado como um trabalhador braçal que presta serviços como diarista em Séforis. Durante sua estadia ali, camponeses e trabalhadores galileus iniciam uma revolta, que as autoridades rapidamente sufocam com a crucificação de 49 dos revoltosos. Entre eles estava José. Trata-se de ficção, sem dúvida. Porém nela podemos imaginar as tensões sociais entre os camponeses e o poder administrativo dos romanos e dos herodianos.

A vida desses camponeses era muito dura. Eles estavam submetidos a um pesado sistema tributário. Os romanos exigiam um quarto da produção da terra. A esse valor se somavam as propinas dos cobradores de impostos, que arrendavam o direito de arrecadação. De uma colheita anual, uma família tinha de separar sementes para serem trocadas por dinheiro para pagamento dos impostos, mais as sementes para plantio da próxima safra. O que restava era para a sobrevivência e para a troca por outros produtos. Bastava uma colheita falhar para que toda a conta não batesse. Venda das terras e escravidão eram as consequências de endividamento por causa de tributos pendentes. Podemos concluir que o contexto camponês galileu em que nasce e é criado Jesus de Nazaré e seus seguidores é um contexto de extrema opressão e miséria. Nesse contexto percebemos o quanto faz sentido a pregação sobre o "reinado de Deus" que se aproxima e a oração de Jesus que diz: "o pão nosso de cada dia, dai-nos hoje"!

8

Milagreiros e profetas itinerantes

Uma das coisas que caracteriza a vida de Jesus e de seu movimento profético é a itinerância. O roteiro de viagens e deslocamentos de Jesus segundo os evangelhos é impressionante. Se estudarmos, por exemplo, os roteiros de suas viagens segundo o Evangelho de Marcos, veremos que ele viaja pela Galileia, e em torno do lago de Genesaré. Como camponês galileu esperávamos que ele restringisse suas visitas a povoados e vilas camponesas dessa região. Surpreendentemente, ele também visita cidades gregas da Decápolis, ocupadas por colonos militares gregos e romanos, como Cesareia de Felipe e Gadara. Também surpreende sua presença em Tiro e em Sidon, na Fenícia, região que historicamente não tem boas relações com os galileus, tratando-os com preconceito. Contrasta com essa presença em cidades gregas ou fenícias o fato de que, segundo os evangelhos sinóticos

(Mateus, Marcos e Lucas), Jesus só foi a Jerusalém, a cidade santa, por ocasião da Páscoa, quando foi preso e executado. Nela ele não faz milagres, apenas prega denunciando injustiças e convidando ao arrependimento. Também é às portas de Jerusalém que ele profere o duro sermão escatológico, em que anuncia a destruição do Templo e o final dos tempos. Jerusalém aparece apenas como o palco da execução do profeta justo e do juízo no final dos tempos.

Jesus representa um tipo de profetismo da estrada, do constante viajar. Não é à toa que seus ouvintes se compõem de pessoas marginalizadas. O que encontramos nas estradas? Cobradores de impostos (pedágios!), prostitutas e estrangeiros. Seria o equivalente hoje em dia a uma cultura de caminhoneiro. A relação de Jesus com esses marginalizados não é romântica, é consequência de seu estilo de vida e de seu trabalho como profeta viajante. Dos destituídos e marginalizados que encontra na beira das estradas ele cria uma comunidade que anseia por mudanças, o final dos tempos.

Jesus e seus discípulos provêm de grupos destituídos da Galileia. Como vimos, ele mesmo era um trabalhador braçal, um pedreiro diarista. Pedro, André, Tiago e João, pescadores no lago de Genesaré, provavelmente, trabalhavam para a indústria de *garum*, uma pasta salgada feita à base de peixe que era produzida com pescados dali. Enquanto trabalhadores braçais da Galileia, eram malvistos pelos romanos, tidos como potenciais rebeldes, eram vistos como judeus de segunda categoria pelas autoridades de Jerusalém. A fragilidade de sua condição financeira os poderia lançar na mendicância de um dia para outro. Daí surge um estilo de vida, uma ideia, talvez não articulada, explicitamente, mas tornada uma prática: Por que não dar sentido profético a essa vida sem sentido, no limite da exclusão? Por que não assumir religiosamente a posição de pária social, de marginalizado, em nome do reinado de Deus? Jesus organiza seu grupo amplo de discípulos, os setenta e dois, em grupos de dois e os envia como "mendigos" do reino. Eles deveriam viajar pelos sertões da Galileia, e além, visitando aldeias, entrando nas casas, abençoando, curando enfermos, e anunciando: "O Reino de Deus está próximo de vós!" Suas palavras, no entanto, não eram sempre de esperança. Proferiam também maldições, como no caso das casas que não os recebessem como enviados de Deus ou das cidades impenitentes. Eles transformaram em ideário do reinado de Deus sua dura e miserável condição de vida: a pobreza em sinal de confiança e dependência de Deus (levar apenas a roupa do corpo), os perigos e a violência das estradas como provação ("vos envio como Cordeiro entre lobos"), as práticas religiosas do povo em sinais de salvação (a cura dos enfermos). Entre os pobres dessas aldeias de beira de estrada estavam incluídos os estrangeiros, as mulheres prostituídas, e mesmo os funcionários dos opressores, os que lhes cobravam os impostos escorchantes. Era o reinado de Deus se antecipando. Quando os discípulos retornaram contando com alegria que até os demônios se submetem a eles no nome de Jesus, ele lhes disse: "Eu via satanás cair do céu como um relâmpago!" Na ação desses profetas viajantes o mundo celeste e escatológico estava irrompendo sobre o miserável mundo dos homens.

9

Profecia e milagre

A ação de Jesus e de seus seguidores, os discípulos, é composta de diversas frentes. Ele é um mestre. Ele ensina por meio de parábolas, usando metáforas poderosas do mundo camponês, mas também ensina por meio de debates com seus discípulos e com seus adversários. Os evangelhos destacam que ele ensina "com autoridade". Jesus pronuncia ditos dos mais diversos tipos, ensinando como sobreviver em um mundo perigoso, dando instruções sobre o novo tempo, o "reinado de Deus". Há dois evangelhos antigos, o Evangelho dos Ditos (Fonte Q) e o Evangelho de Tomé, que são compostos exclusivamente por coleções de ditos de Jesus. Muitos deles são esotéricos e de difícil compreensão. Entre os primeiros seguidores de Jesus havia grupos que entendiam que interpretar corretamente esses ditos de sabedoria era uma forma de se unir a Jesus. Sua pregação, no entanto, preserva muito da profecia de anúncio do juízo e da restauração futura, em uma continuidade da pregação de João Batista. Por fim, Jesus também é um poderoso e eloquente intérprete da lei. Ele tem autoridade em suas interpretações a ponto de ousar dizer: "Ouvistes o que foi dito (na lei de Moisés) ... eu, porém, vos digo...". Isso só pode ser dito por um intérprete radical da lei. Seja como profeta anunciador de juízo e de salvação, ou como mestre esotérico, ou então como intérprete da lei, Jesus atraiu multidões, mas também despertou a atenção das autoridades judaicas, incomodadas com seu ensino.

Jesus não foi, no entanto, somente um mestre, hábil no uso das palavras, ele também praticava religião com gestos, com ações poderosas. Quando perguntado por João Batista, que se encontrava na prisão, se ele é "aquele que há de vir", Jesus responde:

> "Ide a contar a João o que vedes e ouvis: os cegos recuperam a vista, os coxos andam, os leprosos são purificados, os surdos ouvem, os mortos ressuscitam e aos pobres é anunciado o Evangelho" (Lc 7,22).

Seus milagres são considerados sinais de sua autoridade e do tipo de intervenção libertadora que antecipa o reinado de Deus: ações poderosas em favor dos pobres. Eles também mostram que Jesus é um profeta do Norte, de Israel, na tradição de Elias e Eliseu, profetas da ação milagreira. Como profeta camponês galileu, Jesus pratica o tipo de religiosidade por excelência da cultura popular, a saber, a magia. Nesse tipo de prática ele terá seguidores, não só em sua terra, entre seus discípulos mais próximos, mas também nas gerações futuras de cristãos espalhados no Mediterrâneo.

10

Primeiros conflitos e controvérsias

Apesar da grande popularidade junto ao povo, a pregação e o ensino de Jesus não eram consenso. Ele começou a chamar a atenção, primeiro dos escribas na Galileia, depois das autoridades de Jerusalém. No mundo da religião há hierarquias que não aceitam ser desafiadas. Não era diferente no judaísmo antigo. Jesus era um líder religioso que não se encaixava em estereótipos como pureza ritual, pureza étnica ou servidão a uma interpretação literal da lei. Ele considerava puros os alimentos, rejeitando certas regras rituais, como o lavar as mãos antes de comer (cf. Mc 7,1-23), considerando que "nada há no exterior do homem que, penetrando nele, o possa tornar impuro; mas o que sai do homem, isso é que o torna impuro" (v. 15). Ele também não admitia que a guarda do sábado pudesse se sobrepor ao cuidado da vida. Quando os fariseus se escandalizam com o fato de que os discípulos de Jesus colhiam espigas de trigo no sábado, ele responde: "O sábado foi feito para o homem, e não o homem para o sábado, de modo que o Filho do Homem é Senhor até do sábado" (Mc 3,27).

Ele também causou escândalo aos escribas dos fariseus quando esses observaram que ele estava à mesa com pecadores e publicanos na casa de Levi. Ao ouvir isso Jesus responde: "Não são os que tem saúde que precisam de médico, mas os doentes. Eu não vim chamar justos, mas pecadores" (Mc 2,17).

Essa interpretação da lei mais liberal de Jesus provém de seu mundo social, multiétnico e de periferia. Como profeta ambulante, pregador itinerante, Jesus adapta sua pregação e mensagem a esse público de beira de estrada. É com eles que ele tem comprometimento. A Boa-Nova não pode ficar restrita a uma elite sacerdotal, com seus ideais de pureza étnica e ritual. Esses primeiros conflitos fazem com que a incômoda pregação de Jesus fosse observada, e que a animosidade contra ele aumentasse, conforme fazia mais sucesso junto ao povo.

11

Tomada de consciência?
(Mc 8 e 9, confissão e transfiguração)

Teria Jesus consciência de ser uma figura messiânica? Essa é uma pergunta impossível de se responder. Nossas fontes permitem perceber como Jesus era compreendido por seus seguidores. Não há acessos diretos à sua pessoa, seus sentimentos, sequer a fatos incontestáveis. Dependemos da mediação de seus seguidores, das formas como eles o amavam, como o veneravam e cultivavam sua memória. Tudo o que sabemos sobre Jesus é o que seus seguidores escolheram transmitir uns aos outros. Eles contavam memórias afetivas sobre Jesus, um Jesus que criam estar ainda entre eles após sua morte.

Há um texto controverso na tradição de Jesus, que é chamado equivocadamente de "a confissão de Pedro", pelo menos em sua versão mais antiga, no Evangelho de Marcos. Jesus pergunta a seus discípulos "quem dizem os homens que eu sou?" (8,27). As respostas são as mais variadas, de que ele seria João Batista, ou Elias, ou um dos profetas. Quando ele pergunta pela resposta de seus discípulos, Pedro responde: "Tu és o messias". Curiosamente, a reação de Jesus foi de proibir severamente os discípulos de falar a respeito. No verso seguinte, no entanto, ele expõe abertamente que "o Filho do Homem deve sofrer muito, ser rejeitado pelos anciãos, pelos chefes dos sacerdotes e pelos escribas, ser morto e, depois de três dias, ressuscitar" (v. 31). Ao ouvir isso, Pedro repreende Jesus, sendo por sua vez repreendido de forma bem-humorada por ele, quando diz: "Vem após mim, seu Satanás!", ou seja, deixa de ser um tentador pra mim, segue o meu destino, o martírio. Ou seja, Jesus rejeita certo conceito de messias, talvez de um messias monarca, ou guerreiro, mas aceita o conceito, estranho para a época, de ser um messias que sofre e morre.

Houve um grande debate no judaísmo antigo sobre o messias, suas funções, de onde viria, quando etc. Havia descrições sobre o messias, por exemplo, nos Manuscritos do Mar Morto, que o concebiam como um sacerdote, ou como um rei, ou um guerreiro, todos no futuro próximo. Havia também correntes judaicas que simplesmente rejeitavam a ideia de um messias, e de um tempo de transformação escatológica. Dentro do movimento de Jesus de Nazaré, havia também muitos debates sobre quem era Jesus, sua missão, e como relacioná-lo com as expectativas messiânicas de seu tempo. Esse debate não data só do tempo da pregação de Jesus e de suas controvérsias com adversários e com os discípulos. Jesus e sua missão permaneceram um mistério para seus seguidores, mesmo após sua morte. Os primeiros cristãos recorreram às Escrituras judaicas para interpretar a Jesus e seu lugar na história da salvação divina. Esse foi certamente um debate intenso e longo. Um ponto do qual não podiam escapar era certamente o tema da morte violenta de Jesus, nas mãos do poder romano. Ele era um messias destinado ao sofrimento e à morte. Esse fato deve ter escandalizado muitos judeus, e também muitos cristãos. A reação revoltada de Pedro à fala de Jesus é testemunho disso.

Na cerca que segue à confissão de Pedro, em Marcos 9, é relatado que Jesus sobe à montanha com Pedro, Tiago e João. Lá ele é transfigurado diante deles (suas vestes se tornam brancas e resplandecentes). Elias e Moisés apareceram ao lado de Jesus. Ele é apresentado em sua identidade oculta antes de sua morte. Uma voz celeste saiu da nuvem e declarou: "Este é o meu filho amado; ouvi-o" (Mc 9,7). Jesus é por alguns segundos o Messias exaltado.

12

O Antirrei (entrada em Jerusalém)

Após um ministério de peregrinação, pregando e realizando curas, Jesus decide passar a Páscoa em Jerusalém. Nos evangelhos de Mateus, Marcos e Lucas, essa é a única vez que ele vai para lá em todo o seu ministério. O poder e a legitimidade do messias judaico estão intrinsicamente relacionados à cidade santa. Jesus, como messias, realiza sua entrada formal em Jerusalém. Para tanto pede que os discípulos providenciem um jumentinho, segundo suas instruções. Montado sobre ele Jesus entra na cidade. A população o recebe calorosamente, jogando sobre seu caminho vestes e ramos. Ele foi aclamado: "Hosana! Bendito o que vem em nome do Senhor! Bendito o reino que vem, do nosso pai Davi! Hosana no mais alto dos céus!". Parece que o messias foi aclamado por seu povo. No entanto, algo muito curioso acontece: Jesus entrou no Templo, em Jerusalém e, após observar tudo, sai da cidade com os doze para Betânia. Ele não gostou do que viu. Ele não ficou para governar.

13

O conflito assumido: Jesus e o Templo

No dia seguinte à entrada em Jerusalém Jesus realiza uma ação simbólica. Trata-se de profecia realizada por meio de ações e de gestos. Ele entra no Templo de Jerusalém para fazer sua purificação simbólica. O Templo tinha se tornado um espaço de comércio e de câmbio de moedas. Para comprar os animais puros para o sacrifício, segundo a lei, os devotos deviam ter moeda fenícia, a única aceita no Templo. O que acontecia na vida das pessoas no dia a dia se repetia no Templo. A vida era um constante pagar tributos e cumprir requisitos arbitrários, até para ter acesso a Deus e às suas bênçãos. Dessa forma o Templo estava longe de ser uma "casa de oração para todos os povos". Jesus realiza a ação simbólica em duas formas. Na primeira, amaldiçoa uma figueira estéril, dizendo: "ninguém jamais coma do teu fruto". Na segunda ação simbólica, ele entra no Templo e expulsa dele os vendedores e os compradores, virando as mesas dos cambistas e as cadeiras dos vendedores. Esse gesto de impedir comércio no Templo era uma denúncia da subjugação da religião oficial aos interesses de elites financeiras. Era uma tentativa de o devolver ao povo necessitado e devoto. Neste gesto Jesus denuncia que o Templo tinha perdido sua função de lugar de refúgio e de proteção.

A ação simbólica de Jesus foi compreendida pelas autoridades, que planejavam se livrar dele. Em sistemas de opressão rígidos e hierárquicos, qualquer desobediência às regras, principalmente, as de caráter simbólico, é percebida pelo poder como potencialmente desestabilizadora do todo. Só não o prenderam imediatamente pois temiam a multidão. Jesus também entendeu o perigo e, à tardinha, saiu da cidade.

14

A execução

Havia chegado a Páscoa, principal festa judaica que celebrava o livramento dos primogênitos dos hebreus na última das pragas do Egito, que antecedia a grande libertação do êxodo.

Jesus manda os discípulos prepararem a Páscoa. Na refeição pascal, Jesus tomou pão e vinho e os abençoou dizendo se tratarem de seu corpo e de seu sangue. Seu sangue era o sangue da "Nova Aliança". Jesus se apresentou como um novo cordeiro pascal. Essa refeição se torna a chave para compreender as cenas que se seguem, tenta dar sentido ao que é percebido como um escândalo: que o messias e profeta justo seja traído por seus seguidores e morto pelos governantes ímpios.

A narrativa da paixão dos evangelhos enfatiza a solidão e o abandono de Jesus como decisivos em sua paixão, mais do que os sofrimentos físicos. Na última cena do filme *Luz de Inverno*, de Ingmar Bergman, o sacristão Algot reflete com o Pastor Erikson sobre o verdadeiro sofrimento de Cristo em sua paixão. Não seria o sofrimento físico, mas sim a grande decepção, de saber que todos o abandonaram, que os amigos em quem ele tinha confiado, com quem tinha partilhado sua missão e seu ideal, não o tinham compreendido. A solidão de Jesus ganha expressão máxima não nas chagas e ferimentos causados pela tortura dos romanos, ou no tormento da crucificação, mas quando ele se sente só, abandonado até por Deus, e grita, em desespero: "Meu Deus, meu Deus, por que me abandonaste?" (Mc 15,34). Esse é o ápice do sofrimento e da solidão do Messias na cruz.

A morte de Jesus teve uma confluência de fatores. Ele foi entregue aos romanos, os únicos que poderiam executá-lo, pelas autoridades judaicas de Jerusalém. Para sua prisão, interrogatório, tortura e execução colaboraram as autoridades sacerdotais do Templo, a guarda do Templo, os governantes herodianos, e o procurador romano na Judeia, Pilatos. Ele também foi traído por seus discípulos. A ênfase na negação de Pedro e na traição de Judas escondem o fato de que todos os discípulos o abandonaram no momento de sua prisão. Era de se esperar que todos os discípulos fossem presos e executados com o profeta messias. Jesus ficou só. Apenas as mulheres o acompanharam.

Após seu grito de desespero, em meio à zombaria dos espectadores, ele morre. Nessa cena, o Evangelho de Marcos faz com que apenas um personagem compreenda a profundidade desse momento e tenha uma revelação. O centurião romano, responsável pela execução da pena ao condenado, ao ver sua exclamação de desespero e solidão, disse: "Verdadeiramente este homem era filho de Deus" (Mc 15,39).

15

A grande crise: o messias morto

Os discípulos e seguidores de Jesus aguardavam que em sua descida a Jerusalém e, em especial, em seu gesto simbólico de purificar o Templo, começasse um novo tempo, o reinado de Deus. Eles não estavam preparados para a morte de seu líder. A vinda do Filho do Homem e o juízo final eram aguardados para aqueles dias (para "esta geração", conforme Marcos 9,1 e 13,30) e não para um futuro distante. Algo, no entanto, aconteceu que chocou todos. O profeta messias justo foi preso e entregue pelas autoridades judaicas e executado pelos romanos. E o final dos tempos não veio. O juiz escatológico não se manifestou. Deus não interveio! As coisas continuaram como antes. Pior que esse silêncio divino é o fato de que os discípulos mais próximos abandonaram o messias na hora da provação. Todos fugiram, com exceção das mulheres.

O cristianismo nasceu de uma experiência de solidão e desespero. Toda a nova sociedade, que era ansiosamente desejada e alegremente anunciada entre os miseráveis e marginalizados na Galileia, não se concretizou. O "reinado de Deus" não se manifestou. Os ímpios e opressores seguiam no poder. O risco de dispersão era iminente. Para entender a delicadeza dos relatos que serão ouvidos nos dias seguintes à execução de Jesus de Nazaré e as reflexões sobre ele que serão feitas nas próximas décadas, é necessário ter consciência de que tudo esteve a ponto de se perder. A solidão, a tristeza e o desespero, após a morte do messias, são o ponto de origem dos encontros que se darão.

16

Mulheres quebram o silêncio

O cristianismo nasce como uma religião de paradoxos. Ele pretende anunciar a revelação de Deus, sua presença entre os homens, o "reinado de Deus" e sua vitória sobre a opressão e a morte, mas seu anúncio fundante é feito a partir de experiências religiosas de mulheres de classe baixa, analfabetas, na periferia do Império Romano.

Ao nascer do sol do domingo que se seguiu à execução de Jesus, Maria de Magdala, Maria, mãe de Tiago e Salomé, foram piedosamente preparar o corpo de Jesus, no túmulo. Essa ação as tira do estado religioso de pureza. Ao chegarem, no entanto, encontraram o túmulo vazio. Dentro do túmulo viram um jovem vestido com uma túnica branca que lhes diz que Jesus não se encontra ali, ressuscitou, e que irá se encontrar com os discípulos na Galileia (Mc 16,3-7). As mulheres fugiram, apossadas com "temor e estupor" (Mc 16,8).

O relato do túmulo vazio do Evangelho de Marcos é o mais antigo de todos os que dispomos. Segundo os melhores manuscritos, esse evangelho termina com essa expressão de medo e de desespero das mulheres. Nos demais evangelhos há relatos de aparições e encontros com o ressuscitado, que depois são resumidas e acrescentadas no Evangelho de Marcos em outros manuscritos, em uma tentativa de harmonizá-lo com os outros evangelhos e de tirar o tom dramático, e até constrangedor, do final mais antigo.

Como pode um evangelho terminar com a fuga assustada e desesperada das mulheres? Por que as mulheres reagiram com medo ao anúncio do anjo? Tratava-se de uma visão? A ressurreição de Jesus foi entendida por elas e pelos leitores do mais antigo evangelho como o início do tempo escatológico?

17

Refeições com o messias: testemunhos de reencontro

A tradição sobre a ressurreição de Jesus é discreta e elegante. Não há relatos fantasiosos e ufanistas de luzes e manifestações sobrenaturais no túmulo de Jesus. Tampouco há uma descrição de um cadáver voltando à vida. Esse exibicionismo, que flerta com a incredulidade, não faz parte do repertório de seus seguidores. O que encontramos é a visão e o anúncio do túmulo vazio feito pelas mulheres. E depois temos uma série de relatos sobre encontros com o ressuscitado. Nesses encontros é narrada de forma paradigmática a redescoberta de Jesus, a identificação de que um desconhecido com quem se conversa e se toma uma refeição é, de fato, Jesus de Nazaré. No mais belo desses relatos, em Lucas 24,13-35, encontramos uma cena paradigmática. Dois seguidores de Jesus o encontram durante uma jornada a Emaús. Sequer o nome de seus discípulos é mencionado no começo na narrativa. Um deles se chama Cléofas, citado pela primeira vez no evangelho, e que, portanto, não fez parte do núcleo duro dos doze. Jesus pergunta aos dois sobre o que conversavam. Eles relataram os acontecimentos referentes à morte violenta e injusta de Jesus. E lhes contam sobre sua expectativa: "Nós esperávamos que fosse ele quem redimiria Israel" (v. 21). Eles dão um relato sobre o túmulo vazio, mas não conseguem tirar qualquer conclusão sobre isso. Não o entenderam. Jesus, em seguida, os repreende por não serem capazes de compreender o que os profetas disseram sobre ele, sobre a necessidade de que o messias padecesse estas coisas por eles referidas e entrasse na Glória. Paradigmaticamente, Jesus passa a expor as Escrituras, começando pela lei de Moisés. Foi em outro momento, no entanto, que tudo se tornou claro, que suas mentes se abriram: quando Jesus abençoou o pão, o partiu e o deu a seus discípulos. Seus olhos se abriram e eles o reconheceram. E se lembraram de que seu coração ardia enquanto Jesus lhes expunha as Escrituras. A seguir, retornaram a Jerusalém e foram contar aos onze o que acontecera no caminho. Em seguida, o próprio Jesus se juntou a eles e se manifestou a todos: ele os saudou e comeu com eles.

Esse relato é paradigmático. Ele condensa em poucas linhas uma experiência dos discípulos que deve ter durado anos. O escândalo do messias morto injustamente lançou os discípulos em decepção, agonia, desespero e solidão. O processo de descoberta (ou de revelação) de sentido em meio a essa absoluta falta de sentido pode ter acontecido em um processo de leitura das Escrituras, de oração, e do partir do pão. Essas refeições comunitárias eram promovidas pelo próprio Jesus. Agora ele os visita novamente, vivo, no partir do pão. É nesse encontro com ele, entre os discípulos, na interpretação da Escritura, que sua presença se torna concreta, como o que ressuscitou.

18

Lideranças emergentes: Pedro, Tiago, João

Após a morte e a ressurreição de Jesus há uma grande mudança na agenda dos discípulos de Jesus. Antes de sua morte eles eram profetas itinerantes pela Galileia e imediações. Como veremos adiante, esse modelo nunca foi totalmente abandonado. Mas é fato que os discípulos, compostos pelos onze seguidores de Jesus, mais Matias, em substituição a Judas Iscariotes, insistem, segundo Atos dos Apóstolos, em ficar em Jerusalém. Trata-se de uma decisão controversa, uma vez que os evangelhos sinóticos insistem no fato de que a missão de pregador e curandeiro de Jesus era concentrada na Galileia. No Evangelho de Marcos, o anjo anuncia às mulheres que Jesus iria à Galileia se encontrar com os discípulos. Por que então essa permanência dos discípulos em Jerusalém? Haveria duas memórias de expectativas escatológicas: uma de que ele retornaria na Galileia, outra de que o final dos tempos estava relacionado com o Templo de Jerusalém? Funda-se assim a comunidade de Jerusalém, sob a liderança dos doze, em especial de Pedro, Tiago e João. Essa liderança é respeitada por décadas, apesar de diferenças e contradições entre os grupos cristãos. A comunidade de Jerusalém é uma referência. Até seu misterioso desaparecimento, em torno dos anos 66-70.

Essa presença de discípulos em Jerusalém parece espelhar a ideia da Cidade Santa como o centro simbólico do judaísmo, mas também como uma cidade cosmopolita, que oferece o cenário ideal para o início da missão aos gentios. O livro de Atos dos Apóstolos, que estrutura a missão cristã no roteiro Jerusalém, Samaria, até os confins de terra, enfatiza que a comunidade de Jerusalém fazia muitos convertidos dentre os sacerdotes do Templo. Ou seja, o Templo era apresentado como um espaço sagrado, digno de reverência pelos cristãos, apesar da oposição das autoridades judaicas e sacerdotais. Quando sacerdotes se convertem isso tem um significado especial para esse grupo às margens do judaísmo. Nessas memórias há uma tentativa de harmonizar a origem judaica (ainda que no modelo hierosolimitano, às custas da Galileia), com o dinamismo da missão dos cristãos da diáspora judaica.

19

Reunião e dispersão

O livro de Atos dos Apóstolos é uma obra surpreendente. Ela nos oferece a primeira narrativa coesa, unificada e articulada das origens do cristianismo até a década de 60. Isso é fascinante, pois se trata de uma narrativa que não foi redigida muito mais tarde do que no começo do século segundo. Por outro lado, sempre temos que nos lembrar que Atos não corresponde totalmente ao gênero literário da narrativa histórica, nem mesmo à história antiga. A obra tem elementos que lembram a historiografia, mas também traz características de outro gênero literário que marcou muito a literatura do cristianismo primitivo: a novela grega, também chamada de novela de aventuras. Ou seja, o livro de Atos é estruturado, por um lado, na disposição ordenada de fatos do passado e, por outro lado, nas aventuras de caráter edificante, em torno a protagonistas heroicos. Como narrativa religiosa, que se propõe a dar um relato verdadeiro das origens, Atos segue um programa teológico que idealiza personagens e promove uma impressão de dinamismo e unidade no movimento cristão. Essa tendência da obra de harmonizar as relações e destacar o dinamismo interno do grupo contrasta com os blocos de tradição (alguns muito antigos) que ela incorpora. Neles, lidos isoladamente, encontramos conflitos e tensões no novo grupo religioso. Ler Atos sempre requer de nós a capacidade de apreciar sua poderosa narrativa e as formas como administra as, às vezes contraditórias, informações sobre as tensões entre os grupos e as diferentes práticas e crenças religiosas entre eles.

Após a ascensão de Jesus aos céus, a vida dos primeiros cristãos é descrita como piedosa e harmoniosa. Como vimos acima, segundo Atos 2, os discípulos em Jerusalém permaneciam em oração, repartindo seus bens, em unidade e harmonia. Alguns capítulos adiante (Atos 6), no entanto, a obra nos narra um conflito entre um grupo de cristãos chamado de "hebreus" e outro grupo de "helenistas". O tema da discórdia é o fato de que o pão é distribuído de forma desigual entre as viúvas dos dois grupos, em prejuízo das viúvas dos helenistas.

20

Dois modelos: reunião para oração e missão aos gentios. A execução de Estevão

O conflito gerado pela má distribuição do pão entre as viúvas dos hebreus e as dos helenistas foi resolvido, segundo Atos 6, com o fato que os 12 apóstolos impuseram as mãos sobre os líderes dos helenistas, os "sete diáconos", habilitando-os para o serviço das mesas. Aparentemente, o conflito estava resolvido. Os líderes da comunidade de Jerusalém seguiriam com seu trabalho de oração e testemunho em Jerusalém. Os chamados "helenistas", no entanto, provavelmente, judeus cristãos da diáspora, não se contentaram em servir às mesas. Eles atuavam como poderosos milagreiros e intrépidos pregadores. Seu líder, Estevão, foi preso pelas autoridades do Templo e, como Jesus de Nazaré, foi caluniado por falsas testemunhas. Ele foi executado em Jerusalém pela multidão, tendo por testemunha Saulo de Tarso.

Após a execução de Estevão, os helenistas se dispersaram, saindo de Jerusalém. Quanto aos doze apóstolos, a narrativa não comenta de seu envolvimento na defesa de Estevão, sequer teriam acompanhado seu caso e teriam sido perseguidos com os helenistas. Estamos diante de uma primeira divisão entre as comunidades cristãs? Os doze teriam se fixado em Jerusalém esperando a vinda do Messias, enquanto os helenistas se dirigido para outras cidades, inclusive fora da Judeia, fazendo missão e evangelizando?

A execução de Estevão mostra que os discípulos seguiam partilhando do destino do messias, que sua pregação não era bem-vinda entre as autoridades do Templo, como tampouco seria recebida pelas autoridades romanas, como testemunham os inquéritos e torturas dos cristãos da Bitínia, a que nos referimos no começo de nosso relato.

21

Roteiros I:
Cesareia, Chipre, Antioquia

Ainda que o movimento de Jesus fosse aberto aos marginalizados, incluindo estrangeiros e judeus que não atendiam aos princípios judaicos de pureza ritual, ele ainda era um grupo religioso formado maioritariamente por judeus e tinha como objetivo a renovação de Israel. No entanto, o cristianismo se definiu desde o princípio como religião de conversão. Sua prioridade era convencer corações a adotar o messias Jesus de Nazaré e formar comunidades de culto e partilha do pão. Em algum momento, no começo da ação dos missionários helenistas, pagãos passaram a ser convidados a se juntarem para fazer parte das comunidades cristãs. Isso tem implicações imensas para a estruturação posterior do cristianismo. Para que os gentios fizessem parte da comunidade messiânica de Jesus de Nazaré era necessário que certas exigências judaicas de pureza ritual fossem suspensas ou adaptadas. A circuncisão também deveria deixar de ser obrigatória. Os gentios, por sua vez, deveriam aprender as tradições de Israel, ler suas Escrituras. Isso era feito na tradução grega do Antigo Testamento, chamada Septuaginta. No entanto, nenhum processo cultural acontece em apenas uma direção. Sempre acontecem trocas. Se os gentios, por um lado, aprendem as tradições de Israel, a ponto de se tornarem um "novo Israel", por outro lado, muitas de suas práticas religiosas e estruturas míticas são incorporadas pelos cristãos. Isso gera uma explosão de novas ideias, narrativas e interpretações da vida e do sentido de Jesus. Os gentios abraçam com entusiasmo a pregação do Messias galileu, com seu coração, mas também com sua cultura.

O problema da adesão de pagãos ao movimento messiânico de Jesus de Nazaré é tão controverso que o livro de Atos precisa introduzir o assunto por meio de ajustes em suas fontes. O relato que marca a aceitação dos gentios nas comunidades cristãs encontra-se em Atos 10, quando Pedro tem a visão de um lençol contendo todos os animais da terra. Uma voz lhe disse que ele deveria imolar e comer dos animais, puros e impuros, indiscriminadamente. Isso era impossível a um judeu devido às rígidas leis de pureza do Levítico. O sentido do sonho é: "Ao que Deus purificou, não chames tu de profano" (10,15). Ou seja, Deus considera a partir de agora os gentios tão puros e aceitáveis a seus olhos quanto os judeus. Essa estranha visão passa a marcar o momento em que a Pedro é autorizada a missão aos gentios.

No entanto, o livro tem de conciliar esse esquema literário com informações sobre os helenistas que, em suas viagens, já parecem ter convertido pagãos.

> "Aqueles que haviam sido dispersos desde a tribulação que sobreviera por causa de Estevão, espalharam-se até a Fenícia, Chipre e Antioquia, não anunciando a ninguém a palavra, senão somente a judeus. Havia entre eles, porém, alguns cipriotas e cireneus. Estes chegando a Antioquia, falaram também aos gregos, anunciando-lhes a Boa-Nova do Senhor Jesus" (At 11,19-21).

Os helenistas haviam pregado apenas a judeus, e... também aos gregos. Parece-nos que Pedro chegou um pouco atrasado. Em seguida, Atos nos apresenta a igreja de Antioquia, onde o grupo de seguidores de Jesus teria sido chamado pela primeira vez de "cristãos". Essa igreja, formada por judeus e pagãos, tornou-se um centro da missão aos gentios. Foi ela quem recebeu Paulo de Tarso, logo após sua conversão, e quem o enviou com outros pregadores a fazer missão na Ásia Menor, na Macedônia e na Grécia. Ela tem uma posição e função estratégica no desenvolvimento do cristianismo e em sua expansão rumo ao ocidente.

22

Roteiros II: Samaria, Etiópia. E os confins

O livro de Atos é o primeiro relato da origem das comunidades cristãs. Ele relata as viagens missionárias dos apóstolos para evangelizar no mundo mediterrâneo. Sabe-se que os roteiros do livro de Atos não são muito precisos e parecem seguir esquemas e preferências teológicas. No entanto, mesmo a partir dessas preferências podemos aprender algo sobre como os cristãos viam seu mundo. Em Atos 2,8 Jesus disse: "... sereis minhas testemunhas em Jerusalém, em toda a Judeia e Samaria, e até os confins da terra". Trata-se de um esboço de roteiro precário. É verdade que a obra dedica seus primeiros capítulos ao que acontece após a ascensão de Jesus, focando eventos em torno da comunidade de Jerusalém. O primeiro missionário a atuar fora de terras judaicas foi Filipe, que anunciou as boas novas na Samaria. Os samaritanos não eram bem vistos pelos judeus e sua religiosidade era considerada heterodoxa. No entanto, eles são os primeiros a ouvir a mensagem, após a população de Jerusalém.

Também é surpreendente que Filipe evangelize e batize um eunuco etíope. Em nossa perspectiva ocidental, países como a Etiópia seriam considerados como marginais, sem importância. Na verdade, na perspectiva da história de Israel e de suas memórias dos povos, os etíopes são um povo ancestral e tradicionalmente vinculado ao povo judeu. Segundo a tradição, a rainha de Sabá teria tido um filho com o rei Salomão. Os etíopes, por sua vez, consideram-se herdeiros da tradição de Enoque, cujos livros de fato preservaram em sua língua. Que a missão de Filipe evangelize um ministro etíope antes da autorização de evangelização aos gentios, que só teria acontecido com a visão de Pedro, não representa nenhuma contradição. Afinal, os etíopes são gente de dentro, próxima dos judeus e de sua religião.

Soa curioso que a ordem de Jesus não inclua as grandes cidades gregas evangelizadas segundo o relato dos Atos dos Apóstolos, nas viagens missionárias de Paulo. Sequer é feita menção a Roma. De fato, os Atos descrevem a chegada de Paulo a Roma e parte de sua estadia lá. No entanto, seu martírio não foi narrado, terminando a obra com o encarceramento deste. Trata-se de um anticlímax, uma vez que se tem a impressão que o objetivo dos missionários é evangelizar todo o Império Romano, inclusive sua capital.

Nos Atos de Felipe, apócrifo do terceiro século, a lista de destinos de missão é dividida por discípulos e tem mais um caráter programático do que histórico. Nela, no entanto, podemos perceber quais regiões ganham destaque na geografia afetiva dos cristãos:

> "Quando o Salvador distribuiu os apóstolos por cidades e países, e cada um deles se dirigiu segundo a ordem que havia recebido do Senhor, de acordo com a sorte que lhe havia caído, a Pedro lhe coube a sorte ir a Roma; a João, a Ásia; a Tomé, a Partia e a Índia; a Mateus, toda a região da Judeia; a Bartolomeu, a Licaônia; a André, a Acaia; a Simão...; coube a Felipe dirigir-se à terra dos gregos" (VIII, 94, 1).

Essa divisão apresenta lideranças já vinculadas a determinadas cidades na memória, como Pedro em relação a Roma e João em relação à Ásia (Ásia Menor, na costa do Egeu). Mas a lista de localidades parece aqui enfatizar e detalhar esses confins, ou seja, os lugares exóticos. Esse é o caso dos destinos de Tomé, em especial. Ele é enviado para os povos mais distantes que se conhecia. Chama a atenção o silêncio sobre a África. No segundo e terceiro séculos o cristianismo era vibrante no Egito, para ficarmos apenas neste país. Em certo sentido, a referência aos etíopes nos Atos dos Apóstolos parece ser mais generosa para com essa bifurcação esquecida em boa parte da literatura do cristianismo primitivo.

23

Vocação de Saulo de Tarso

O capítulo 9 do livro de Atos traz o relato da vocação de Saulo de Tarso, um dos perseguidores mais ferozes dos cristãos. O texto conta que ele se dirigia a Damasco, sob ordem das autoridades judaicas, para prender seguidores da nova religião e trazê-los cativos para Jerusalém. No caminho, ele, caindo por terra, é envolvido por uma claridade e escuta uma voz que lhe diz: "Saul, Saul, por que me persegues?" (v. 4). Ao perguntar sobre quem falava com ele, recebe a resposta: "Eu sou Jesus, a quem tu persegues" (v. 5). Por ordem do próprio Cristo ele é então recebido por Ananias, que o batiza. Na sequência, Paulo é descrito como um intrépido pregador, que convence judeus e gentios de que Jesus é o Messias.

Relatos de conversões de indivíduos importantes, como Paulo de Tarso (seu novo nome), trazem informações centrais sobre as origens do cristianismo. Por um lado, apresenta de forma dramática a guinada na vida e obra de um de seus maiores expoentes: um poderoso pregador, organizador de comunidades e místico. A notícia de seu encontro com o Cristo para seus novos irmãos de fé em Damasco é marcada pela surpresa: "Não é esse o perseguidor da igreja?" O perseguidor passa agora a ser o perseguido. Há também aspectos importantes no relato que não são tão evidentes. Trata-se do fato de Paulo ser um judeu de fronteira, que habita dois mundos. A despeito de seu carisma e poder retórico, Paulo também simboliza a agilidade de seu ambiente cultural: a diáspora judaica. É nesse ambiente, que mescla religião judaica e cultura grega, em ambas as categorias, em processos que vão do bilinguismo até a capacidade de pensar o mundo nas categorias desses dois grupos, que é possível imaginar a missão aos gentios e a constituição de crenças, práticas e modelos de comunidades que atraem igualmente judeus e gentios. Paulo se apresenta como fariseu, versado nas tradições de Israel. Mas ele é nascido em Tarso, um centro comercial localizado na Cilícia, em uma localização estratégica na ligação entre oriente e ocidente. Como natural de Tarso, Paulo falava grego como nativo e dominava suas formas retóricas, como podemos constatar em suas cartas. Nele, conhecimento das Escrituras judaicas e categorias mentais helenísticas se uniam de modo exemplar para dar forma a novas estruturas narrativas e discursivas de compreensão de Jesus de Nazaré e de seus seguidores. Paulo não deve ser visto como um personagem isolado. É no ambiente de onde ele provém, do judaísmo da diáspora, com sua agilidade cultural, que outros tantos missionários e seguidores do Cristo atuam na organização de um grupo religioso que nasce entre camponeses galileus para se tornar uma religião urbana disseminada por todo o Mediterrâneo. Paulo se torna um paradigma dessa religião de cruzamento de fronteiras e de intensas traduções de categorias culturais.

24

A igreja de Antioquia: exaltação e nova identidade

O livro de Atos é cheio de contradições. Ao mesmo tempo que ele insiste em vincular a origem da nova fé aos doze seguidores de Jesus, os apóstolos, em Jerusalém, ele também traz informações que nos permitem relativizar sua importância. Como vimos anteriormente, em Damasco já havia seguidores de Jesus, que receberam Paulo. E foi a igreja de Antioquia que enviou Barnabé a Tarso com o propósito de buscar Paulo para que ficasse com eles durante um ano. Não sabemos quase nada sobre esse período, mas a vinculação de Paulo com essa comunidade não nos passa despercebida. É nessa igreja que os discípulos são chamados pela primeira vez de "cristãos". Essa é uma informação paradigmática, que demonstra a importância dessa comunidade.

Após a morte e ressurreição de Jesus houve uma significativa mudança na forma como se interpretou

Jesus de Nazaré e se avaliou sua atuação e presença entre as comunidades. Os cristãos passaram a cultivar não apenas sua memória histórica, seus feitos e seus ditos, mas também sua presença no culto, com linguagem devocional e litúrgica especial. A imagem de Jesus de Nazaré ganha novos contornos, seu nome recebe títulos de exaltação, sua morte violenta não é mais interpretada apenas como um ato de impiedade por parte das autoridades, mas como um evento de salvação. O messias judaico passa a ganhar contornos de salvador universal. Se pudermos resumir a forma de entender a Jesus e seu significado na comunidade de Antioquia, podemos formular da seguinte maneira: Jesus de Nazaré é o Cristo, o filho de Deus, que morreu e ressuscitou, para o perdão dos pecados e a salvação de todos os que nele creem, judeus e gentios, que formam a grande comunidade dos salvos. Sua presença entre os homens marca o princípio do tempo escatológico, que será concluído com sua volta, para o juízo final e salvação.

Essa interpretação da morte e ressurreição de Jesus como evento de salvação do final dos tempos é a base de articulação da fé que Paulo recebe desses cristãos representados pelas igrejas da diáspora, que tem a comunidade de Antioquia como base e referência.

25

Antioquia *versus* Jerusalém (At 15)

O modelo de cristianismo representado pela comunidade de Antioquia não era consensual, em todos os seus aspectos. Como se tratava de uma comunidade que congregava judeus e gentios, igualmente, sem necessidade de guardar as leis de pureza e sem exigência da prática da circuncisão, houve reações por parte de comunidades cristãs constituídas apenas por judeus e ligadas a suas práticas rituais. Essa situação exigiu das comunidades de diferentes configurações étnicas negociações e ajustes em suas práticas. Se os gentios agora são aceitos nas comunidades cristãs, como deve acontecer sua integração? Eles devem adotar as regras dietéticas judaicas, por exemplo? Devem praticar a circuncisão? Ou bastaria o batismo? Esses debates nos são narrados em torno a um acontecimento do qual dispomos de duas fontes divergentes. Segundo Atos 15, houve irmãos de Jerusalém que insistiam com os cristãos gentios de Antioquia que esses se circuncidassem. Paulo e Barnabé foram incumbidos de ir a Jerusalém se encontrar com os discípulos para discutir a questão. Tiago tomou a palavra e confirmou a inclusão dos gentios nas comunidades cristãs sem exigência da circuncisão. As únicas exigências que lhes foram feitas se referem a abster-se de comer oferendas feitas aos deuses pagãos, de ingerir sangue e de relações sexuais ilegítimas. Os gentios estavam dessa forma liberados para aderirem às comunidades cristãs.

No entanto, na versão que Paulo dá dos mesmos acontecimentos em Gálatas 2, temos a nítida impressão de que o assunto foi mais controverso e o tom das conversas mais áspero. Paulo faz referência a "intrusos", a "falsos irmãos", que pressionavam os gentios a adotarem a lei judaica. Essa situação fez com que Paulo, Barnabé e Tito fossem a Jerusalém tratar do assunto com os apóstolos. Tito, que sequer é mencionado em Atos 15, era gentio, um incircunciso, portanto. Paulo não faz referência a qualquer decisão tomada por Tiago. Ele apenas menciona que foram recebidos pelos apóstolos em Jerusalém e que foi estabelecida a divisão: Pedro pregaria o evangelho aos circuncisos e Paulo aos incircuncisos. Não há qualquer exigência por parte de Tiago ou dos demais. Há um incidente ocorrido depois, em uma visita de Pedro à igreja em Antioquia, que mostra que o tema ainda causava tensões. Pedro comia com os gentios, sem seguir restrições de pureza. Mas quando chegaram alguns enviados de Jerusalém, da parte de Tiago, Pedro se afastou deles. Diante disso Paulo o repreendeu publicamente.

Para os leitores contemporâneos essa parece ser uma discussão estranha, mas o fato é que todas as comunidades humanas se organizam em maior ou menor grau por meio de restrições de etnia, de costumes, de gênero etc. Paulo, como representante do cristianismo de Antioquia, focado em organizar comunidades multiétnicas, promoveu uma mudança fundamental no movimento religioso de origem judaica. O cristianismo estava apto a fazer missão por todo o Mediterrâneo e além, a incluir todas as etnias e povos. No caso específico de Paulo, essa temática o fez refletir as tradições da Escritura de Israel em uma direção nova. Todos os seus argumentos na carta aos Gálatas e na carta aos Romanos, parecem ter esse contexto. Paulo se utiliza de tradições provindas do cristianismo de Antioquia e lhes dá uma nova configuração e um lugar de destaque no argumento de suas cartas, como é o caso em:

> "Antes que chegasse a fé, nós éramos guardados sob a tutela da Lei para a fé que haveria de se revelar. Assim a Lei se tornou nosso pedagogo até Cristo, para que fôssemos julgados pela fé. Chegada, porém, a fé, não estamos mais sob o pedagogo; vós todos sois filhos de Deus pela fé em Cristo Jesus, pois todos vós, que fostes batizados em Cristo, vos vestistes de Cristo. Não há

judeu nem grego, não há escravo nem livre, não há homem nem mulher; pois todos vós sois um só em Cristo Jesus. E se vós sois de Cristo, então sois descendência de Abraão, herdeiros segundo a promessa" (Gl 3,23-29).

E na abertura da carta aos Romanos Paulo lança seu tema central, a ser desenvolvido no texto, e a ênfase de sua pregação:

> "Na verdade, eu não me envergonho do Evangelho: ele é força de Deus para a salvação de todo aquele que crê, em primeiro lugar do judeu, mas também do grego. Porque nele a justiça de Deus se revela de fé para a fé, conforme está escrito: O justo viverá pela fé" (1,16-17).

26

Terceiro martírio: Tiago

O líder da comunidade de Jerusalém era Tiago, o irmão de Jesus. Ele era um homem muito conhecido por sua piedade, não só entre os cristãos, mas também entre os judeus. Hegesipo, escritor cristão do segundo século, relata:

> "Foi sucessor na direção da Igreja, junto com os apóstolos, Tiago, o irmão do Senhor. Todos lhe davam o cognome de "o Justo", desde o tempo do Senhor até os nossos dias. Ele não foi santo só desde o ventre de sua mãe. Não bebeu vinho, nem bebida fermentada, nem comeu carne; sobre sua cabeça nunca passou tesoura, tampouco se ungiu com óleo, nem se banhou. Só a ele era permitido entrar no santuário, pois não se vestia com lã, mas com o linho. Só ele entrava no Templo, e ali se ajoelhava e pedia perdão por seu povo, tanto que surgiram calos em seus joelhos ..."

Diante de sua incontestável liderança e piedade, as autoridades judaicas decidem exigir que ele se posicione no Templo, por ocasião da Páscoa, contra a pregação sobre Jesus. No que ele se recusa, as autoridades o lançam do pináculo do Templo abaixo, matando-o.

Esse trágico relato do assassinato de Tiago o Justo é acompanhado pelo misterioso desaparecimento da comunidade de Jerusalém. Não há mais notícias sobre ela após os anos 70, quando os romanos invadiram a Cidade Santa e promoveram uma carnificina em sua população. Teria a comunidade cristã sido dizimada nesse contexto? Há uma memória, também transmitida por Eusébio de Cesareia, de que os cristãos de Jerusalém teriam fugido para Pella, na transjordânia, em obediência a um oráculo (Eusébio, Hist. Eclesiástica 3,5,3). O fato é que após a destruição de Jerusalém a comunidade cristã dessa cidade não tem mais qualquer posição de destaque.

27

A igreja da outra Síria

Os missionários cristãos rapidamente disseminaram a mensagem sobre Jesus de Nazaré por várias regiões do Império Romano, incluindo as regiões fronteiriças e além. Como vimos, o movimento de Jesus organizava os missionários em duplas para evangelizar na Galileia e regiões vizinhas. Os helenistas, cristãos judeus de língua grega, seguiram com esse trabalho de missão itinerante, desta vez pregando também a gentios, nas grandes cidades do Mediterrâneo. Desta forma surgiu a comunidade de Antioquia, na capital da Síria, que se responsabilizava pelo envio de pregadores itinerantes para as cidades da Ásia Menor, Acaia e Macedônia. Há, no entanto, outros pregadores que se dirigiram em direção oposta, para o oriente. Esse é o caso do cristianismo no oeste da Síria, que tinha como referência a cidade de Edessa, na região da Osroena, na Mesopotâmia. A expansão do movimento cristão para diferentes regiões não implicou apenas na criação de comunidades, mas também em desenvolvimentos locais de formas de cristianismo. Isso contribuiu significativamente para que o cristianismo nascente, desde suas primeiras décadas, fosse marcado por diferentes configurações em sua organização interna, em suas ideias e crenças religiosas, em suas práticas rituais e litúrgicas, e em diferentes formas de se relacionar com os de fora. O pluralismo do cristianismo primitivo é testemunho de sua criatividade e dinamismo.

Também chama a atenção o fato de que, apesar de em tão pouco tempo terem surgido comunidades com expressões de fé e práticas tão distintas, elas cultivavam intensa comunicação umas com as outras. Disso dá testemunho o encontro dos missionários de Antioquia com os apóstolos em Jerusalém para resolverem o problema da aceitação de gentios nas igrejas, conforme vimos anteriormente. Também veremos que as comunidades criaram um intenso sistema de troca de cartas para resolver problemas, defender posições, buscar a unidade. É fato que houve combates, críticas ferozes, e desqualificação de adversários, bem ao estilo da retórica antiga. Mas ainda assim prevaleceu o entendimento de que as comunidades de alguma forma se pertenciam, de que a comunicação entre elas era fundamental e deveria ser cultivada, ainda que em meio a diferenças e conflitos. O cristianismo, desde o início, criou e cultivou amplas redes textuais.

Essas diferenças entre as comunidades cristãs se expressavam também na forma como redescobriram o papel de Jesus de Nazaré na vida delas. A marca fundamental dessas comunidades em relação à morte violenta do messias Jesus é a constatação de que ele ressuscitou e de que ele está vivo entre eles, que se relacionam com sua pessoa, seja nas práticas da espiritualidade, seja no culto, seja na expectativa de sua vinda no final dos tempos. As formas, no entanto, de reencontrar o Jesus vivente, de conviver com ele, eram variadas. Há um evangelho que por muito tempo foi considerado herético, marginal, mas que nos últimos anos passou a ser reavaliado pelos pesquisadores: o Evangelho de Tomé. Até a descoberta da Biblioteca de Nag Hammadi, no Egito, em 1945, conheciam-se apenas alguns fragmentos gregos dessa obra. Com as descobertas desses manuscritos, passamos a ter acesso a uma tradução integral dele à língua copta, o idioma falado no Egito nessa época.

Inicialmente, o Evangelho de Tomé foi interpretado como um evangelho gnóstico. Os gnósticos eram um grupo cristão surgido no segundo século que interpretavam as Escrituras e o sentido de Jesus de Nazaré de forma muito dualista, opondo radicalmente o mundo material e o mundo espiritual, inserindo uma complicada hierarquia de figuras celestes e espirituais na história da salvação. Eles foram muito influentes no cristianismo antigo, e também foram muito combatidos pelos demais grupos. Como o Evangelho de Tomé foi encontrado entre os diferentes textos gnósticos da Biblioteca de Nag Hammadi, logo os pesquisadores pensaram que ele também seria um escrito gnóstico. Após análises mais detidas, no entanto, concluiu-se que o Evangelho de Tomé é mais antigo que esses textos gnósticos, e que não compartilha das mesmas características dos demais. De fato, há certo consenso de que o Evangelho de Tomé foi escrito na Síria oriental, provavelmente na região de Edessa, no final do primeiro século ou começo do segundo século.

O evangelho começa dessa forma:

> "Estas são as sentenças ocultas que o Jesus vivo pronunciou e Judas Tomé, o Gêmeo registrou. E ele disse; 'Quem quer que descubra a interpretação destas sentenças não provará a morte'. Jesus disse: 'Que aquele que procura não deixe de procurar até que encontre. Quando encontrar, ficará perturbado. Quando estiver perturbado, ficará maravilhado e dominará tudo'" (1-2).

O Jesus apresentado no Evangelho de Tomé é um pregador de palavras misteriosas de salvação. Ele está vivo e ainda interpela seus seguidores com suas sentenças enigmáticas. Quem as interpretar e se unir misticamente a ele também viverá eternamente. O curioso do Evangelho de Tomé é que ele só contém sentenças de Jesus e nunca narra suas ações, como os milagres, por exemplo. Sequer sua morte e ressurreição são relatados. Isso parece indicar um tipo de cristianismo que não dá tanto valor às ações de Jesus, quanto à sua pregação. E como suas palavras estão desvinculadas do contexto em que foram ditas (na Galileia ou em Jerusalém, por exemplo), o leitor está livre para vivencia-las, atualizando-as como palavras de Jesus ressuscitado para sua vida. Dessa forma podemos, a grosso modo, dizer que há uma tradição de Jesus que foca em suas palavras, sejam ditos e sentenças breves, parábolas, ou então em seus longos discursos. A outra tradição privilegia suas ações, como os milagres e a história de sua paixão. Nesta vertente o elemento central é a tradição da paixão de Jesus. Todas as suas palavras e ações confluem em sua execução, que passa a ser interpretada como uma ação de salvação para perdão dos pecados. Como veremos, nos evangelhos sinóticos (Mateus, Marcos e Lucas), há um esquema comum que subordina as palavras de Jesus às suas ações e à narrativa da paixão. Tradições antigas que só transmitiam seus ditos passam a integrar uma grande narrativa de sua vida. O Evangelho de Tomé mantém viva a tradição das palavras de Jesus, independentemente da tradição das ações. Nela Jesus é um mestre vivo, que ensina palavras misteriosas a seus discípulos para que eles também possam viver como ele.

No Evangelho de Tomé encontramos um cristianismo que está fora do Império Romano, na fronteira oriental da Síria, no Mediterrâneo. Mas mesmo nessa região distante há uma intensa circulação de ideias religiosas e filosóficas. Os ensinos de Jesus ganham um tom médio-platônico e esotérico. Não há muita ênfase nos temas referentes à perseguição e ao sofrimento. Essa região era próspera e multicultural se beneficiando da circulação de caravanas de comerciantes e de tolerância religiosa e intelectual. No Evangelho de Tomé também aprendemos que toda a tradição de Jesus, seja a de suas palavras, seja a das ações, são formas de atualizar o sentido de seus ensinos e de suas ações às comunidades. Nenhuma delas pode ser considerada como voz exclusiva da tradição de Jesus.

28

Paulo e Barnabé pregam aos gentios

O livro de Atos dos Apóstolos narra as viagens missionárias de Paulo na Ásia Menor, Macedônia e Acaia, onde ele fundou algumas das igrejas mais importantes do cristianismo antigo. O livro organiza as missões de Paulo em três viagens. Quando comparamos os dados de Atos com as referências que Paulo faz às viagens em suas cartas, percebemos que elas não batem. Disso concluímos que os dados de Atos são organizados de forma um pouco didática, simplificando os dados. Há também uma simplificação dos personagens, como no caso da descrição caricata dos judeus e de sua resistência à pregação dos apóstolos. Por isso, quando lemos os relatos, não devemos pressupor que eles dão um quadro preciso dos fatos. Isso, no entanto, não quer dizer que Atos dos Apóstolos não tenham informações importantes sobre as origens cristãs. Ao contrário, neles encontramos informações sobre processos culturais, encontros de grupos étnicos e modelos de pregação que nos permitem entender os interlocutores e suas reações.

Uma cena que se repete frequentemente em Atos é que os apóstolos, ao chegarem a uma cidade, dirigem-se às sinagogas locais. Ali eles são recebidos como judeus, tendo oportunidade de pregar o evangelho. Essa pregação causa rejeição da maioria. No entanto, um grupo pequeno aceita a mensagem do Messias Jesus de Nazaré. Trata-se de uma versão simplificada dos fatos e processos históricos. Podemos, no entanto, partir do pressuposto de que é muito provável que comunidades cristãs tenham se originado dentre membros de sinagogas judaicas na diáspora. Também são relatados casos em que os discípulos se dirigem aos gentios, tendo ali também reações tanto positivas como negativas. Vejamos um caso concreto: Paulo e Barnabé evangelizando em Icônio, no interior da Anatólia, atual Turquia.

Segundo Atos 14, 1-7, Paulo e Barnabé anunciam a Boa-Nova na sinagoga de Icônio. Tanto judeus quanto gentios se converteram ali. Segundo o texto, os judeus que "continuavam incrédulos" incitaram os gentios contra os missionários. A situação ficou tão perigosa que os discípulos tiveram que fugir para as cidades vizinhas, Listra e Derbe. Trata-se de uma situação estereotipada na narrativa de Atos: os pregadores cristãos começam sua atuação na sinagoga, mas de pronto são expulsos dela.

Uma vez fora de Icônio, sem sabermos exatamente onde atuam (em Listra ou em Derbe?), os discípulos seguem anunciando a Boa-Nova. Em uma ocasião Paulo cura um aleijado. A reação a esse milagre refletiu sobre a piedade pagã: as multidões começaram a chamar Paulo de Hermes e Barnabé de Zeus. E diziam "em língua licaônica": "Os deuses em forma humana desceram até nós" (14,11). Quando estes já traziam touros para serem sacrificados fora da cidade a esses representantes dos deuses, Paulo tomou a palavra e lhes anunciou que eles eram tão humanos quanto eles. Em sua pregação Paulo fala que o Deus que ele prega é o criador dos céus e da terra, que dá aos homens, como testemunho, as chuvas e as estações frutíferas etc. O tom de sua pregação é surpreendentemente judaico, antipoliteísta, não contendo qualquer alusão ao Cristo: "Anunciamo-vos a Boa-Nova da conversão para o Deus vivo, deixando todos esses ídolos vãos". Diante do desejo da população local de sacrificar a Hermes e a Zeus, os discípulos pregam o Deus único dos judeus. Por fim, o texto retoma a narrativa, sobre os judeus que vieram de Antioquia (da Psídia) e Icônio para perseguir e apedrejar os apóstolos.

Nessa narrativa estilizada podemos observar os processos de tradução cultural por que passam os missionários cristãos. Como judeus eles precisam anunciar a seus compatriotas um messias improvável e exótico. Não um poderoso governante ou sacerdote que restaure Israel em termos políticos e religiosos, mas o messias crucificado, que morreu para o perdão de pecados e para a salvação de todos, inclusive dos gentios. Ele foi o messias justo, vindicado por Deus em sua ressurreição. Aos gentios, no entanto, a primeira característica da pregação dos discípulos deve ter soado como judaica e monoteísta. Não há deuses, há ídolos. Deus é um só. E tampouco eles, homens, são seres divinos dignos de culto e de sacrifícios. Isso era algo incompreensível para esses gentios, após testemunharem uma ação poderosa, como a cura de um aleijado. Em toda a narrativa de Atos, os apóstolos alternam momentos de tensões e conflitos com os judeus e com os gentios. Nessa alternância, a identidade e o perfil religioso do movimento iniciante vai se formando.

29

Galácia: Gentios interpretam a Torá

Apesar da pregação dos missionários cristãos soar aos gentios como tipicamente judaica, com seu apelo de deixar os ídolos e se converter ao único e verdadeiro Deus, temos que fazer referência ao fato surpreendente que os gentios rapidamente se tornaram versados na Escritura dos judeus, que passaram a se interessar por questões de sua interpretação. Eles têm consciência de que se tornar cristão é fazer parte do "Novo Israel".
Temos um caso paradigmático dessa iniciação de gentios ao mundo da cultura judaica na carta de Paulo aos Gálatas. Paulo se dirige a cristãos que estão nas igrejas "da Galácia". O sul da Galácia envolvia as cidades mencionadas acima, como Antioquia da Psídia, Derbe e Listra. Mas Galácia também pode se referir à região mais ao norte, ocupada pelos celtas no terceiro século a. C.
Em ambos os casos temos contextos multiétnicos, uma vez que essas populações falavam suas línguas

locais e o grego, a língua franca da Anatólia. E agora aprendiam as tradições de Israel e podiam ler suas Escrituras em tradução grega.

A carta aos Gálatas, como já vimos anteriormente, é testemunho de debates intensos sobre como um gentio pode se tornar cristão. Afinal, para pertencer ao povo de Deus, Israel, era necessário nascer judeu, ser circuncidado e observar a lei de Moisés. Ou então deveria se tornar um prosélito, praticando a circuncisão e seguindo as leis de pureza. Nesta carta Paulo assume e explicita posições controversas, mas necessárias para suas novas comunidades. Ele afirma que não é pela lei que alguém se salva. Para ser um filho de Abraão basta seguir seu exemplo e crer em Deus: "Foi assim que Abraão creu em Deus e isto lhe foi levado em conta de justiça. Sabei, portanto, que os que são pela fé são filhos de Abraão" (2,6-7). Dessa forma, a lei, que antes se tornava empecilho para a inclusão dos gentios na descendência de Abraão, passa a ter uma função limitada. Pela lei foram manifestados os pecados da humanidade. Pela fé em Cristo, no entanto, todos podem ser salvos de seus pecados. A lei cumpriu, portanto, seu papel. Os que estão em Cristo, judeus ou gentios, estão livres. Sequer a circuncisão é obrigatória aos gentios.

Se é verdade que Paulo e o cristianismo que ele representa, da vertente de Antioquia, tira a centralidade da lei na condução da vida cotidiana dos cristãos, ele enfoca agora a luta dos cristãos em uma área ainda mais difícil de vencer: o controle do corpo, das paixões e dos desejos. O cristianismo está a ponto de se tornar uma religião que, rompendo com o ritualismo legal, se especializa na expansão da subjetividade, no conflito com os desejos e com o próprio corpo. Agora, os seguidores de Jesus de Nazaré devem conduzir a própria vida no Espírito:

> "Mas se vos deixais guiar pelo Espírito, não estais debaixo da Lei. Ora, as obras da carne são manifestas: fornicação, impureza, libertinagem, idolatria, feitiçaria, ódio, rixas, ciúmes, ira, discussões, discórdia, divisões, invejas, bebedeiras, orgias e coisas semelhantes a estas, a respeito das quais eu vos previno, como já vos preveni: os que praticam tais coisas não herdarão o Reino de Deus. Mas o fruto do Espírito é amor, alegria, paz, longanimidade, benignidade, bondade, fidelidade, mansidão, autodomínio. Contra estas coisas não existe Lei. Pois os que são de Cristo Jesus crucificaram a carne com suas paixões e seus desejos" (5,18-24).

Tornar-se cristão ou cristã implica adentrar em um longo processo de disciplina de si mesmo, de controle de impulsos, desejos e paixões. Não sabemos ao certo o quão sério esses temas eram levados pelas pessoas comuns, no dia a dia, no entanto, sabemos que as instruções e ideais morais dos primeiros cristãos serão ditados por essas temáticas. A lei, exterior e ritual, é agora transformada em autodisciplina interior, em batalha para vencer as pulsões.

30

Macedônia, Corinto, Éfeso: cristianismo nas casas

A missão paulina se estende para as grandes cidades da Macedônia, da Acaia e da Ásia Menor. Filipo e Tessalônica são cidades importantes das Macedônia, ao longo da Via Egnatia. Corinto era a cidade mais importante da província da Acaia, superando inclusive Atenas em importância política. Éfeso concorria com Pérgamo pela liderança na província romana da Ásia, que chamamos de Ásia Menor. É clara a preferência dos apóstolos em praticar missão em cidades estratégicas do Império Romano oriental, próximas a estradas e a portos importantes. Em cada uma dessas cidades, as comunidades entravam em contato com suas mais diversas religiosidades e tradições.

Vejamos o caso de Éfeso mais detidamente. Tratava-se de um grande centro econômico, político e cultural de seu tempo. Nela estava um dos maiores templos do mundo antigo: o templo de Ártemis Efésia. A Ártemis de Éfeso era uma variante asiática da deusa virgem e caçadora dos gregos. Na vertente oriental ela assimilara traços iconográficos maternais de Cibele, ganhando uma fama internacional. A identidade da cidade estava ligada ao templo, à estatua da deusa e às festividades em sua homenagem, que eram planejadas de forma suntuosa e rigorosa. Éfeso também era guardiã de templos dedicados ao Imperador Augusto. De fato, o culto a Roma e a Augusto foi estrategicamente articulado ao de Ártemis Efésia. Praticar cultos públicos em Éfeso implicava ao mesmo tempo mostrar devoção à deusa, lealdade ao Imperador e à cidade. Éfeso como grande cidade também tinha muitos cultos estrangeiros. Não lhe faltava uma vibrante comunidade judaica.

Não há certeza sobre quando chegaram os cristãos em Éfeso. O relato de Atos 18 e 19, pretende atribuir a Paulo e a seus companheiros, Priscila e Áquila, a fundação da comunidade nessa cidade. Nessa cidade Paulo se encontra com vários grupos e vários tipos de religiosidade. Seu primeiro encontro foi com Apolo, que era um seguidor de Jesus, batizado conforme o batismo de João. Segundo o texto, Apolo era um homem "eloquente e versado nas Escrituras" (18,24). No entanto, ele teve que ter sua catequese refeita por Priscila e Áquila que "tomaram-no consigo e, com mais exatidão, expuseram-

-lhe o Caminho" (26). Ao chegar a Éfeso Paulo também toma Apolo e o batiza novamente para que ele pudesse receber o Espírito Santo. Essa breve cena mostra que dentro do novo grupo religioso já se inicia um processo de classificação e avaliação das experiências religiosas. As informações sobre o passado precisam ser testadas segundo práticas correntes. Receber "apenas" o batismo de João não era mais suficiente, ainda que fosse esse o batismo que Jesus recebera. Agora o batismo – assim em todo o livro de Atos – era acompanhado da descida do Espírito Santo e de manifestação de êxtase religioso, como "falar em línguas" e "profetizar".

Na cena seguinte, Paulo é descrito como um poderoso milagreiro, a tal ponto que bastava que lenços que tivessem estado em contato com seu corpo fossem tocados por pessoas enfermas, que elas ficariam curadas. Em razão disso, alguns exorcistas judeus, um tal Ceva e seus filhos, tentam se apropriar do poder de Paulo, invocando o nome de Jesus, "a quem Paulo proclama" (13). O resultado foi desastroso. Eles levam uma surra do espírito mau. O texto relata que, em decorrência desse acontecimento, muitos abraçaram a fé, confessando e declinando de suas práticas mágicas, a tal ponto que um grande número de obras de magia foi queimado. Chama a atenção que Paulo é apresentado como poderoso milagreiro. Aqui e em muitas outras ocasiões, os cristãos buscam diferenciar suas práticas milagreiras das de outros grupos de milagreiros. As deles são apresentadas como demonstrações de poder divino, como ações de salvação, as dos demais como engodo e feitiçaria.

Na terceira cena referente à presença de Paulo em Éfeso, lemos sobre a revolta dos ourives que protestam contra o fato que o sucesso da pregação de Paulo estaria prejudicando as vendas de imagens da deusa Ártemis. Eles expressam o temor de que:

> "Isto não só traz perigo de a nossa profissão cair em descrédito, mas também o próprio templo da deusa Ártemis perderá todo o seu prestígio, sendo logo despojada de sua majestade aquela que toda a Ásia e o mundo veneram" (19,27).

Ao ouvir isso a multidão começou a gritar: "Grande é a Ártemis dos Efésios". Quando um líder da comunidade judaica, Alexandre, foi se manifestar, aí é que o povo retomou o refrão, entoando-o por quase duas horas. A situação só se acalmou quando o chanceler da cidade garantiu que os judeus (Paulo e seus amigos, bem como Alexandre) não representavam perigo para o culto da deusa. Ainda mais decisivo foi seu argumento de que a assembleia voluntária deles poderia ser interpretada como sedição por parte das autoridades. De fato, sem o mencionar explicitamente, ele faz referência às autoridades romanas.

Nessas narrativas sobre a estadia de Paulo em Éfeso percebemos como era complexo e plural o campo religioso em uma cidade como esta. Encontramos religião em diferentes níveis: a religião oficial do templo de Ártemis, mas também práticas de magia, representadas pelos exorcistas judeus, pelos ex-magos que queimaram seus livros e por Paulo (!). Havia pluralidade dentro da própria comunidade judaica, com a referência a Alexandre, um representante da sinagoga, os exorcistas judeus e os cristãos judeus, como Paulo e Apolo. Por fim, dentro da comunidade cristã havia diversidade de grupos e de práticas. Apolo não deve ser entendido como um cristão incompleto, menor que os demais. De fato, ele estava conectado ao batismo de João, que era o batismo para purificação de pecados. Paulo, segundo Atos, e talvez representando mais uma prática do grupo por detrás deste texto, entendia o batismo como um ritual para a descida do Espírito, um batismo no Espírito Santo, acompanhado de manifestações de êxtase e de profecia.

31

A comunidade de Corinto: tensões, disputas e carismas

As comunidades paulinas se organizavam nas casas. Não havia templos ou espaços especializados de reunião e culto. Era possível que se reunissem na casa dos membros da comunidade mais abastados. Nesse caso, as comunidades cristãs repetiam a estrutura de sua sociedade. Havia um *pater familias*, um patriarca, que não só dominava sobre sua família nuclear (esposa e filhos), mas também tinha poder e autoridade sobre outros parentes, sobre seus escravos, libertos e livres. Tratava-se de uma relação entre patrão e cliente, também chamada de patronato. Esse *pater familias* praticava beneficência e provia seus clientes com trabalho e recursos. Em contrapartida, esses lhe prestavam serviços e lhe conferiam prestígio social. Seriam as comunidades cristãs organizadas em torno a poderosos patriarcas, que cediam os átrios de suas vilas para as reuniões dominicais das comunidades? A 1ª Carta de Paulo aos Coríntios relata problemas entre os fortes e os fracos na igreja. Também faz referência ao fato que os mais poderosos comiam antes e mais que os demais nas refeições comunitárias. Seriam esses os patriarcas? Estariam refletindo na igreja a estrutura social desigual e paternalista de sua sociedade?

Certamente, as estruturas de uma sociedade, por mais que sejam condenadas nos discursos de um grupo religioso, tendem a se reproduzir nos grupos menores. A igreja se configura como uma microssociedade, na qual as tensões sociais se reproduzem em maior ou menor grau. A questão, no entanto, não parece ser essa. A pergunta de fundo a ser feita é: havia poderosos patriarcas nas comunidades cristãs? Ou seja, a que estrato social pertenciam os primeiros cristãos? Essa é uma pergunta difícil de se responder e a resposta tem de levar em consideração as variações regionais. As cartas de Paulo fazem referência às casas e a seus patronos, como no caso da carta aos Romanos, que conclui com a saudação: "Saúda-vos Gaio, que hospeda a mim e a toda a igreja. Saúda-vos Erastro, administrador da cidade, e o irmão Quarto" (Rm 16,23). Em 1 Coríntios encontramos a referência à "família de Cloé". Seriam essas pessoas de estrato social elevado que abrigariam em suas casas comunidades cristãs compostas, em sua maioria, de pessoas de estrato social inferior, como os patriarcas reuniam seus clientes? Essa é uma possibilidade. No entanto não devemos universalizar essa conclusão. Raramente, encontramos na literatura do cristianismo primitivo referências a membros abastados nas comunidades. Provavelmente, Erastro seria um desses. Isso, no entanto, não significa que ele pertencesse às elites. As elites no mundo antigo não se definiam apenas por propriedades e posses. Pertencer às elites implicava pertencer a famílias patrícias, pertencer a uma das ordens (senatorial, equestre, dos decuriões), ser educado de forma apropriada, possuir terras e recursos. Um liberto (um escravo que, por idade ou serviços, foi libertado) podia chegar a ter recursos. Mas isso não o transformava em um membro das elites. Os especialistas calculam que entre 1 e 3% da população do Império Romano pertencessem às elites. Os 97% restantes eram muito heterogêneos. Havia pessoas de posses entre eles, mas a grande maioria, mesmo os livres, viviam próximos ao limite de subsistência. Os livres diaristas, na cidade e no campo, chegavam a viver em condições mais deploráveis que os escravos. É desses grupos de pessoas comuns, de destituídos, que devemos imaginar a composição majoritária das comunidades cristãs, apesar de referências aqui e ali a pessoas mais abastadas. A questão pode ser refinada da seguinte forma: quão abastados eram os abastados das comunidades cristãs? Eram patriarcas das elites imperiais? Ou eram cristãos mais abastados no contexto local de suas comunidades? Não podemos chegar a uma conclusão definitiva, dada à falta de informações precisas. O que devemos evitar é imaginar ingenuamente que todas as comunidades cristãs tinham por detrás um patrono, um patriarca de toga senatorial que generosamente abria sua *villa* para a comunidade aos domingos para culto e celebrações. As diferenças sociais eram imensas no império e devemos considera-las. Entre os subalternos já havia diferenças financeiras e sociais suficientes para permitir imaginar que um cristão relativamente abastado recebesse em sua casa (não em uma *villa* romana, necessariamente, talvez uma *insula*) um pequeno grupo de cristãos para as celebrações. Também podemos imaginar que por ser mais abastado que os demais, exercesse alguma autoridade efetiva ou simbólica.

A comunidade cristã de Corinto é uma das mais estudadas do cristianismo primitivo devido às informações, na maioria das vezes negativas, que recebemos dela nas cartas de Paulo. Já no começo, Paulo diz que foi informado por gente da "casa de Cloé" de que havia divisões entre eles, de que haveria gente dizendo: "'Eu sou de Paulo', ou 'Eu sou de Apolo', ou 'Eu sou de Cefas', ou 'Eu sou de Cristo'" (1Cor 1,12). Essa apresentação dos "partidos" na comunidade cristã de

Corinto gerou muitos debates e hipóteses. Inicialmente, foi defendida a hipótese de que se tratava basicamente de uma divisão entre o cristianismo paulino, a favor da inclusão dos gentios, e o cristianismo petrino, judaico, ligado à observância da lei. Depois a tendência foi entender que o verdadeiro conflito era entre o grupo de Paulo e o grupo de Apolo, sendo este último um tipo de cristianismo espiritualizado. De fato, não podemos saber de que divisões e de que tendências se tratam. Ao apresentar quatro grupos, Paulo deve ter oferecido uma caricatura, mais que uma descrição dos grupos. Isso fica claro quando chega ao quarto e último grupo: o grupo de Cristo. Para nossa compreensão da história do cristianismo nas origens basta a constatação de que se tratava de um movimento religioso plural, com diferentes espiritualidades e práticas religiosas, mas com um persistente interesse em comunicação e busca por certos níveis mínimos de coesão. Caso contrário, não teríamos a relativamente extensa correspondência de Paulo aos Coríntios.

A igreja em Corinto era cheia de tensões e problemas. Isso pode corresponder pouco ao nosso ideal de unidade, pureza e compromisso que fazemos dos primeiros cristãos. Encontramos na leitura das cartas cristãos de carne e osso. Os problemas que Paulo lista não são pequenos: irmãos entrando com processos contra irmãos, desrespeito à moral familiar básica (alguém que dormiu com a madrasta), desrespeito ao decoro na celebração da eucaristia, tensões entre grupos, os chamados "fortes" e "fracos", além de irmãos que frequentavam cerimônias de culto pagãos e comiam da carne que era sacrificada aos ídolos. Também parecia haver entre os cristãos do Corinto concorrência sobre quem tinha os "dons espirituais" mais importantes, com destaque para o "falar em línguas" e a operação de milagres. Se o diagnóstico de Paulo em suas cartas aos coríntios for preciso, temos de fato uma comunidade cheia de problemas, internos e externos. Porém não podemos deixar de observar que em nenhuma outra carta Paulo descreve, com tanta riqueza, uma multiplicidade de dons e manifestações espirituais como nessa igreja. Ali encontramos manifestações do êxtase, da profecia, da cura, de ensinamento, entre outros. Não podemos duvidar da energia religiosa e da piedade dessa comunidade. Talvez seja essa junção de tensões cotidianas e muito humanas, com uma multiplicidade de manifestações espirituais que faça da igreja em Corinto uma das mais importantes vitrines para estudar a configuração social, retórica e religiosa do cristianismo primitivo.

32

A caminho de Roma. O martírio

Segundo o livro de Atos, Paulo volta a Jerusalém após os eventos relatados em Atos 18-20, que tiveram Éfeso como palco. Ali ele frequenta o Templo, causando um enorme alvoroço, de forma que os romanos decidem prendê-lo. Diante dos riscos de morte que ele sofria por parte de seus adversários de Jerusalém, Paulo é levado a Cesareia para ficar sob a custódia do governador Felix. Este é substituído por Pórcio Festo, a quem ele apela para ser julgado por Cesar. Em uma visita do Rei Agripa e sua irmã Berenice a Festo em Cesareia, Paulo tem a oportunidade de pronunciar um discurso apologético ao rei e ao governador. As cenas de prisão e as audiências diante das autoridades – nada menos que o Sinédrio, um tribuno, dois governadores e o rei Agripa – dos capítulos 22-26 têm como função permitir que Paulo pronuncie apologias, nas quais se defende das acusações de seus adversários e reafirma seu compromisso com a ordem pública e a obediência às autoridades. Esse é um dos programas de Atos, mostrar que a despeito de seu dinamismo e da inveja que desperta em seus concorrentes, o cristianismo é leal a Roma, não devendo ser confundido com grupos revolucionários antirromanos (cf. 21,38, quando o tribuno em Jerusalém pergunta a Paulo se ele não é o sublevador egípcio).

Por fim, no capítulo 27, Paulo é embarcado para Roma, para ser julgado pelo Imperador Nero. A viagem é um pesadelo. A ausência de ventos retarda a viagem. Por fim, um vento tempestuoso faz a nave vagar erraticamente, levando-a a naufragar na ilha de Malta. Paulo, no entanto, dá testemunho de confiança e serenidade comunicando aos demais a promessa que recebera do Senhor de que ninguém se perderia. Após o naufrágio, recolhendo lenha para uma fogueira, ele é picado por uma serpente. Para surpresa de todos, nada acontece a ele, de sorte que lhe trazem os enfermos da ilha para serem por ele curados. Após as aventuras da viagem, Paulo chega a Roma (28,16), onde é recebido pelos irmãos e pelos judeus, podendo ali anunciar o evangelho e fortalecer a fé da igreja. A estadia de Paulo pouco lembra a de um prisioneiro. A ele é permitido alugar uma moradia e, por dois anos inteiros, receber "todos aqueles que vinham visitá-lo, proclamando o Reino de Deus e ensinando o que se refere ao Senhor Jesus Cristo com toda a intrepidez e sem impedimento" (28,31).

O final do livro de Atos é um grande enigma. O livro se propôs a narrar a pregação da Boa-Nova de Jerusalém, passando por Samaria, até os confins da terra (1,8). Apesar de cumprir esse roteiro, narrando também a evangelização de cidades na Macedônia, na Acaia e na Ásia Menor, o livro parece falhar em chegar ao ápice esperado. Quase nada se relata da missão paulina na capital do Império. Por quê? Um relato mais detalhado de suas atividades nos dois anos em que ali atuou não teriam sido o desfecho ideal? Atos também poderia ter narrado seu martírio. Há referências muito antigas, de caráter lendário, ao martírio de Paulo e de Pedro sob o Imperador Nero, em Roma, no ano 67. Os Atos de Paulo, de meados do segundo século, narram o contexto em que se deu sua execução.

O relato dos Atos Apócrifos de Paulo parte do ponto em que terminou Atos dos Apóstolos, ou seja, da estadia de dois anos do apóstolo em Roma. Em seguida, o texto narra eventos maravilhosos e heroicos dos últimos dias de Paulo na capital do Império, como a ressurreição de Pátroclo, copeiro de Nero. Ele ouvia a pregação de Paulo, mas ao dormir durante a pregação caiu da janela chegando a morrer. Enquanto a notícia chegava ao Imperador, Paulo o ressuscitou. Ao aparecer o copeiro ao palácio, Nero lhe pergunta quem o teria trazido de volta à vida. A resposta dele foi: "Cristo Jesus, o rei dos séculos". Nero lhe pergunta: "Acaso esse Jesus reinará por todos os séculos aniquilando a todos os reinos"? Ao que Pátroclo responde: "Sim! Acabará com todos os reinos sob o céu. Ele será para sempre o único rei. Não haverá realeza que lhe escape". Por fim, o Imperador lhe pergunta: "Pátroclo, serves tu a este rei"? Esse lhe contesta: "Sim, Cesar, Senhor, pois este me ressuscitou quando eu estava morto". Em seguida, outros servos da corte do Imperador declaram: "Também nós servimos ao exército do rei dos séculos!" Essas confissões foram o suficiente para submeter a todos eles à tortura. Essa narrativa simples e pouco sofisticada desses interrogatórios deixa transparecer que o Império se via ameaçado por dentro. Na corte do próprio Nero, entre seus funcionários mais leais, formava-se um contingente de leais servos e soldados do rei Cristo Jesus. Quando Paulo, finalmente, é interrogado por Nero, ele responde com a mesma ousadia, "cheio do Espírito Santo":

> "César, nós não apenas alistamos soldados dentre os que estão sob o teu domínio, como também de todo o universo. [...] E se a ti parecer também passar ao seu serviço... pois não te salvarão tua riqueza, nem o brilho de tua vida atual, mas somente alcançarás a salvação se te submetes a ele e lhe diriges as tuas súplicas" (Atos de Paulo – Martírio 3,1).

Os Atos de Paulo relatam o martírio do apóstolo dos gentios sob ordem de Nero. Esse relato não serve apenas para documentar sua morte. Ele inspira uma devoção pelo mártir, na linha dos relatos de martírios do cristianismo primitivo. Muitos seguidores de Jesus de Nazaré se recusam a abandonar sua fé, vista pelos romanos, apesar de muito desconhecimento sobre o que se tratava de fato, como uma "religião ilícita". Os mais importantes desses mártires, como os apóstolos, passaram a receber devoção especial. Eles eram modelos de fé e de resistência de homens e mulheres que, em maior ou menor grau, corriam riscos ao aderir a uma religião de origem oriental, que venerava um condenado por Roma, um crucificado, que afirmam ter se levantado dentre os mortos para governar o mundo.

33

A catástrofe:
Jerusalém destruída em 70 d.C.

Não foram apenas os cristãos que sofreram ameaças e repressão por parte de Roma. De fato, perseguições intensas contra os cristãos só ocorreram a partir do segundo século. O caso da execução dos cristãos em Roma, sob Nero, em 67 d.C., foi um evento relativamente isolado. Contam os relatos antigos que Nero buscava culpados para o incêndio à cidade de Roma, já que ele mesmo fora acusado de tê-lo causado. Os cristãos, uma minoria religiosa de destituídos, foram presa fácil. O fato é que, pouco se sabia sobre os cristãos, sobre suas crenças e práticas.

Houve, no entanto, uma catástrofe que marcou profundamente o povo judeu e os cristãos: a guerra judaica e a destruição de Jerusalém em 70 d.C. Foram promovidas tentativas de rebelião contra os romanos na Galileia, na metade dos anos 60. Os romanos reagiram com violência, enviando legiões a partir de Cesareia, que desceram varrendo a Galileia em direção a Jerusalém. Eles sitiaram Jerusalém por quatro anos, enfraquecendo a resistência dos rebeldes cortando acesso a suprimentos. Em 70 os romanos tomaram a cidade, promovendo um trágico banho de sangue.

Apesar de nos anos 60 e 70 os primeiros cristãos serem constituídos por grupos etnicamente mistos, com presença de judeus e gentios, havia um alinhamento de todos, mesmo dos gentios, às tradições de Israel. Eles se consideravam um "Novo Israel", eram leitores das Escrituras dos judeus e se consideravam herdeiros das promessas de Abraão. Jerusalém era um marco e uma referência simbólica para todos, ainda que suas esperanças estivessem voltadas para uma Jerusalém celeste. Esse evento impactou os primeiros cristãos de várias formas. Por um lado, promoveu uma interpretação dos fatos por meio de tradições apocalípticas. A apocalíptica era um tipo radical de profecia judaica que entendia que a ação salvadora de Deus só ocorreria em resposta a uma grande crise. A esta crise Deus responderia com a intervenção sobrenatural de seus anjos e com a vinda de seu messias. Os cristãos passaram a refletir a crise da destruição de Jerusalém inserindo elementos fortemente apocalípticos na tradição de Jesus. O exemplo mais marcante dessa reescrita da tradição de Jesus nessa perspectiva encontramos em Marcos 13 (com paralelos em Mateus 24 e Lucas 21). Trata-se de um longo sermão escatológico de Jesus motivado pela pergunta dos discípulos:

> "Ao sair do Templo, disse-lhe um de seus discípulos: 'Mestre, vê que pedras e que construções!' Disse-lhe Jesus: 'Vês estas grandes construções? Não ficará pedra sobre pedra que não seja demolida'" (Mc 13,1-2).

Em seguida, os discípulos lhe perguntaram quando essas coisas aconteceriam. Jesus começa então a relatar uma lista de acontecimentos trágicos, desde perseguições, conflitos dentro das famílias, guerras, até chegar aos cataclismos e a profanação do Templo. O discurso de Jesus usa de muitos elementos da tradição apocalíptica que vem desde o livro de Daniel e os aplica ao contexto de destruição do Templo, interpretando essa catástrofe como o evento que antecede a vinda de Jesus como o Filho do Homem.

> "E verão o Filho do Homem vindo entre nuvens com grande poder e glória. Então ele enviará os anjos e reunirá seus eleitos, dos quatro ventos, da extremidade da terra à extremidade do céu" (v. 26-27).

A pregação de João Batista e a de Jesus já tinham elementos da profecia apocalíptica. O primeiro enfatizava muito a chegada de um juízo final para seu tempo, o segundo anunciava a vinda do "reinado de

Deus". A catástrofe da destruição da cidade santa em 70, no entanto, fez com que grupos cristãos revisitassem de forma mais intensa as tradições dos antigos apocalipses, como o de Daniel, e aplicassem essas expectativas sobre seu tempo. Era uma tentativa de entender que essas catástrofes que se abatiam sobre o povo judeu, e sobre os cristãos, como seus aliados, eram apenas prenúncios de salvação iminente. A catástrofe não ficaria encerrada em si mesma, seria o prenuncio de libertação.

Há, por outro lado, um dado dramático decorrente da invasão e destruição de Jerusalém pelos romanos, que é o fato que mencionamos acima de que não sabemos o que aconteceu com a comunidade cristã de Jerusalém. Segundo o livro de Atos e relatos de Paulo em suas cartas, Jerusalém era a sede de uma comunidade que tinha como líder nada menos que Tiago, o irmão de Jesus. Apesar de ter sido uma igreja que não acompanhou o ritmo missionário e multicultural da igreja de Antioquia, ela preservou seu status junto às demais igrejas. No acordo que fizeram com Paulo, de que ele seria o apóstolo dos gentios e de que esses guardassem preceitos mínimos da lei (At 15), Paulo, por sua vez se comprometeu a "lembrar-se dos pobres" (Gl 2,10), ou seja, de organizar uma coleta entre as igrejas gentílicas para a comunidade de Jerusalém. Essa coleta para "os pobres" foi uma das ênfases em sua atividade pastoral. Ele passou anos ajuntando verbas para enviar a essa igreja. Havia, dessa forma, laços fraternos e ações de solidariedade entre os diferentes tipos de igrejas.

34

Memórias construídas e narradas: os três primeiros evangelhos

As tradições sobre Jesus de Nazaré circularam por décadas na oralidade. Seus milagres, parábolas, ditos proféticos etc. circulavam de comunidade em comunidade, na boca de pregadores itinerantes ou de mestres nas igrejas. Esse material cresceu, como é comum nas tradições orais. Como se tratava de relatos e palavras de vida de Jesus de Nazaré, era natural que houvesse necessidade de interpretá-los. Todo o conjunto de reflexões que chamamos de cristologia eram tentativas de entender quem era a enigmática e multifacetada figura de Jesus de Nazaré e o que ele significava para as comunidades. Não se tratava apenas de dizer quem foi Jesus de Nazaré, mas de dizer o que ele significa para as comunidades que creem nele, que o veneram como o Messias, como o Cristo enviado por Deus para a salvação dos seus. Relatar a história de Jesus era uma forma de interpretá-lo, de dizer o que ele significa para seu povo. Isso, no entanto, não era feito de forma abstrata, como um exercício intelectual. Relatar a história de Jesus, interpretando-o, era uma prática de devoção religiosa, afinal, as comunidades lhe prestavam culto como o Messias que vive entre eles.

Os primeiros cristãos tinham uma característica curiosa. Eles pertenciam aos estratos baixos da sociedade, com poucas exceções. No entanto, eles primavam pela escrita. Era uma religião do texto, seguindo o exemplo de sua religião mãe, o judaísmo. As cartas eram instrumento poderoso de comunicação entre as igrejas. Paulo era um escritor fervoroso. Após ter fundado uma comunidade, ele partia para outra empreitada. Mas já tratava de enviar cartas fortalecendo os laços para com ele, e recordando os remetentes de sua pregação. Além de redigir cartas, os primeiros cristãos eram também exímios narradores. A tradição narrativa das comunidades primitivas não se restringia apenas aos textos que conhecemos no Novo Testamento. Entre os escritos chamados "apócrifos" há uma quantidade considerável de evangelhos, de atos apostólicos e apocalipses. Quando um grupo narra as origens de seu movimento, as ações de homens santos, ou as revelações recebidas pelos visionários, ele não pretende apenas relatar acontecimentos. Narrativas são formas de organizar o mundo em torno a *actan-*

tes (os personagens), tempo, espaço, ações decisivas, criando modelos de mundo. A forma como um evento nos é narrado contém propostas de interpretação desse evento, cria quadros de causas e efeitos, confere poder e protagonismo a personagens, organiza e qualifica os fatos em termos de tempo e de espaço. No caso dos evangelhos encontramos diferentes narrativas, em diferentes ângulos, da história de Jesus, que, por sua vez, contém diferentes interpretações de sua vida e missão. Isso jamais deveria ser visto como um problema. Pelo contrário, aí temos um testemunho da riqueza das memórias e das experiências religiosas dos primeiros cristãos. A quantidade de narrativas sobre Jesus, os evangelhos – que, se considerados os apócrifos, chega a dezenas – mostra que Jesus de Nazaré era constantemente refletido e atualizado na vida desses cristãos no Mediterrâneo. Podemos imaginar que as comunidades trocavam suas narrativas entre si, promovendo diálogos, debates e a necessidade de mais narrativas. Tornar-se cristão no mundo antigo era adentrar em uma complexa rede de comunidades dialogando com suas memórias e seus textos. O cristianismo se constituiu como uma religião da interpretação. Nele a leitura se constituiu como espaço de imaginação religiosa e como prática de piedade.

Memórias nunca são relatos neutros e objetivos do passado. A começar da seleção do material, passando pela forma de sua organização, os processos de criação de narrativas sobre o passado são profundamente estruturados em torno a temas do presente dos leitores. O Jesus do Evangelho de Marcos é muito diferente do Jesus do Evangelho de João, da mesma forma que comunidades, a partir de distintos problemas priorizam alguns temas a outros. O passado de Jesus não era, portanto, isolado do presente dos narradores e das questões de seus leitores.

O Evangelho de Marcos é o mais antigo de todos. Ele é o primeiro a elaborar o gênero evangelho. Trata-se de um gênero literário estranho, sem precedentes em seu tempo. Uma de suas principais características é narrar a vida, obra e palavras do herói a partir de sua morte, ou seja, tendo sua morte como grande desfecho e lembrando o leitor desse fato, já nos primeiros capítulos. O Evangelho de Marcos, a despeito de ser o mais antigo, é um texto complexo, que se recusa a apresentar Jesus de forma triunfante. Jesus é sempre um incompreendido: pelas autoridades religiosas, por sua família, por seus discípulos. Nessa trama repleta de incompreensões o narrador cria uma cumplicidade com o leitor. Ele percebe a incongruência das expectativas de todos para com Jesus, que esperavam sucesso e triunfo em sua missão messiânica. O Jesus de Marcos é sempre acompanhado da perspectiva de sua morte violenta. Pode-se dizer, dessa forma, que um evangelho (ou certo tipo de evangelho) é uma obra escrita de trás para frente. Ou seja, tem-se diante dos olhos, o tempo todo, o relato da paixão de Jesus. Conduzindo à sua paixão estão os milagres, o ensino, as parábolas etc., mas não como um fim em si mesmos. De fato, eles servem para acirrar o conflito com o messias e para serem os pretextos para sua execução. Marcos é um texto tão enigmático que relata o triunfo de Jesus de forma abreviada. Sua ressurreição não é descrita. Não há relato de aparição do ressuscitado. O foco está no túmulo vazio e no desespero das mulheres ao saber que Jesus encontraria com os discípulos na Galileia. Por que o desespero delas? Estaria o final dos tempos chegando? O final de Marcos é um mistério até os dias de hoje. E, sem dúvida, mais um dos elementos fascinantes do evangelho mais antigo.

Outros dois evangelhos seguiram o modelo de Marcos, o Evangelho de Mateus e o de Lucas. Eles também são orientados para a narrativa da paixão, no entanto, eles acrescentam mais tradições antigas de Jesus, incluindo uma coleção de sentenças e palavras de Jesus, chamado de Evangelho dos Ditos (Fonte Q). Dessa forma o material se torna não somente mais longo, como mais complexo. A tradição das palavras de Jesus, a que havíamos feito referência acima, é de alguma forma submetida à tradição das ações e, em especial, da paixão de Jesus. Se no Evangelho dos Ditos e no Evangelho de Tomé a salvação é encontrada na correta interpretação das palavras de Jesus, agora os ditos estão inseridos em um contexto narrativo que aponta para a cruz como o fator decisivo na história da salvação.

Os evangelhos de Mateus e Lucas inserem no início de suas narrativas materiais de origem lendária e edificante: as narrativas de infância. Nelas é narrada a preparação para o nascimento de Jesus, as circunstâncias em torno de seu nascimento. As duas narrativas são muito diferentes entre si, evocando motivos teológicos dos mais diversos, como a anunciação feita pelo anjo Gabriel a Maria, no Evangelho de Lucas, ou a estória da perseguição ao menino Jesus por Herodes e a fuga da sagrada família para o Egito a fim de escapar à matança das crianças, no Evangelho de Mateus. Esse tipo de material narrativo cresceu ainda mais nos evangelhos do segundo e terceiro séculos, com os evangelhos de Natividade, que relatam a história do nascimento miraculoso de Maria, mãe de Jesus, e os evangelhos de Infância, que narram as aventuras e peraltices do menino Jesus. Piedade popular, com uma pitada de humor e criatividade, acompanham o desenvolvimento da tradição dos evangelhos.

É importante entendermos que os evangelhos não narram objetivamente a vida de Jesus, nem representam os textos mais antigos do Novo Testamento. Na verdade, eles são posteriores às cartas de Paulo e são em boa parte determinados pela pregação paulina. Os evangelhos representam um esforço de coletar as tradições de Jesus que circulavam na tradição oral e em pequenas coleções de textos e organizar esse material em torno ao relato da paixão, interpretado como morte de Jesus para a salvação da humanidade.

35

Novos debates, novos interlocutores: os fariseus

Os evangelhos relatam muitos conflitos de Jesus com as autoridades judaicas, em especial com os fariseus, os saduceus e com os escribas. Já nos primeiros capítulos do Evangelho de Marcos, as autoridades religiosas judaicas promovem debates acirrados com Jesus sobre questões como a guarda do sábado ou o fato dele andar acompanhado de pecadores e de gente ritualmente impura (Mc 2). Já muito cedo na narrativa eles chegam à conclusão de que deveriam matar a Jesus (3,6). Toda a trama da vida de Jesus nos evangelhos ocorre sob esse foco, de que as autoridades buscam formas de pegá-lo em contradição, insistindo em contrastar a autoridade deles com de Jesus. O Jesus de Marcos já sabe que seu destino é a cruz, após ser entregue pelas autoridades judaicas (Mc 10,33). Em seus capítulos centrais Marcos insere três anúncios da morte de Jesus. O leitor sabe que o herói dessas narrativas está destinado à morte. Toda a sua atuação é interpretada a partir desse fato trágico. Como profeta que anuncia o final dos tempos e a chegada do reinado de Deus, Jesus entrava em rota de choque com os romanos. Eles não tinham muito interesse em controlar a religião dos povos dominados, mas tinham tolerância zero quando se tratava de pretendentes messiânicos ou profetas que anunciavam outra ordem social. No entanto, Jesus chama a atenção das autoridades romanas a partir de seu conflito com as autoridades religiosas, judaicas.

Essa tensão entre Jesus e as autoridades judaicas tem dois aspectos a serem considerados. De fato, Jesus de Nazaré entrou em rota de colisão com as autoridades judaicas, sejam as da Galileia, sejam as de Jerusalém, afinal seu tipo de liderança religiosa era de tipo carismático, independentemente da tutela de qualquer liderança centralizada e profissional. Quando ele realizou a purificação simbólica do Templo na véspera da Páscoa, expulsando os cambistas à força, as autoridades judaicas buscaram apoio dos romanos para tirar Jesus de cena e manter a ordem. Não podemos, no entanto, considerar que todos os embates entre Jesus e as autoridades judaicas tenham acontecido em sua vida como narrados nos evangelhos. Eles atualizam na vida de Jesus muitos temas do mundo de seus leitores. Os cristãos, na qualidade de um novo Israel, tinham que responder o tempo todo a críticas e acusações das autoridades judaicas, principalmente após 70, com a destruição do Templo de Jerusalém. Sem o Templo, a grande referência simbólica, a comunidade judaica teve que passar por uma grande reorganização religiosa. Como servir a Deus sem seu Templo, o culto, os sacerdotes e os sacrifícios? Nesse aspecto os judeus cristãos pareciam estar à frente nessa questão, uma vez que já não frequentavam e cultuavam no Templo. Nesse quadro de instabilidade, os saduceus (de linha sacerdotal) saem de cena para a entrada dos fariseus, escribas leigos intérpretes da lei. Afinal, o judaísmo deixa de ser uma religião de culto centralizado para se tornar uma religião prioritariamente de interpretação da Torá. São eles que assumem o protagonismo entre os diversos grupos judaicos e, portanto, se tornam os principais oponentes de Jesus nos evangelhos, refletindo sua oposição aos cristãos.

Essas tensões, no entanto, em nada desqualificam o cristianismo nascente como um grupo religioso de origem judaica. Eles seguem lendo e debatendo as Escrituras judaicas, ainda que na tradução grega dos Setenta, seguem ligados às esperanças de renovação e salvação de Israel no tempo escatológico.

Mesmo após a destruição do Templo e uma maior independência do cristianismo em relação às autoridades judaicas, não faltam evidências de que comunidades cristãs praticavam uma forma de piedade muito próxima das tradições judaicas. Há um escrito que nos mostra esse judeu-cristianismo de forma muito transparente. Trata-se da carta de Tiago, um escrito do cristianismo das origens que sofreu todo tipo de preconceito e descaso na história da interpretação, devido ao fato de valorizar a prática da guarda da lei, acima da fé, ao estilo paulino, e por não ter uma cristologia. Os reformadores protestantes a viam como uma carta menor, sem grande valor teológico. Essa avaliação mudou nas últimas décadas, principalmente na América Latina, devido à ênfase que a carta dá à prática de obras de justiça.

A carta de Tiago apresenta um cristianismo radicalmente monoteísta (sem referências a Jesus!), reafirma a centralidade das obras da lei e critica a discriminação dos pobres e sua opressão por parte dos ricos com uma linguagem que lembra a dos profetas de Israel. Em Tiago temos cristianismo verdadeiro ligado às tradições centrais judaicas, o que nos mostra que o modelo paulino, ainda que o mais bem-sucedido, não era exclusivo. O nome do autor a quem se atribui a carta, Tiago, provavelmente o irmão de Jesus e líder da comunidade de Jerusalém, parece remeter a esse tipo de cristianismo tradicional. Essa homenagem a Tiago, mostra que havia comunidades cristãs, após o desaparecimento da comunidade de Jerusalém, que cultivavam esse tipo de piedade ligada às tradições de Israel.

36

O mundo às avessas: renovação apocalíptica

Um eminente pesquisador afirmou nos anos 60 que a apocalíptica era a matriz do cristianismo primitivo. Essa afirmação segue sendo correta ainda, em certa medida. Com o termo "apocalíptica", no entanto, pode-se afirmar coisas diferentes. Primeiro, podemos falar de ideias religiosas, ou seja, da expectativa de que Deus possa revelar conhecimento por meio de seus anjos e de homens santos. Esse conhecimento secreto se refere, por um lado, ao futuro, em especial ao final dos tempos, e, por outro lado, ao mundo celeste, o âmbito de poder do trono de Deus e das criaturas que o cercam. Se trata de revelação acessível a profetas que tinham visões e sonhos, entrando, portanto em contato com esse mundo oculto. Essas mensagens eram, no entanto, transmitidas por meio de escritos, que são chamados de apocalipses. Este é o segundo sentido da palavra, ou seja, o gênero literário apocalíptico. Havia muitos apocalipses judaicos no tempo em que surgiu o cristianismo, com muitas variações de estilo e temática. Ideias religiosas apocalípticas e textos literários, esses são os dois sentidos básicos do conceito apocalíptica.

Quando dizemos que a apocalíptica é a matriz do cristianismo primitivo, nos referimos ao primeiro sentido, ou seja, de que os cristãos provinham de um tipo de judaísmo que compartilhava de certos referenciais religiosos, como a oposição entre o bem (Deus e seus anjos) e o mal (representado por Satanás, pelos demônios, e pelas potências ímpias e opressoras), a expectativa de que Deus salvaria seu povo executando juízo contra os ímpios no final dos tempos. Também era apocalíptica a consciência de estar de alguma forma vivendo o final dos tempos, de esperar que antes da chegada de Deus e de seu reinado haveria um tempo de provações e de sofrimento. Nesse sentido amplo, podemos dizer que Jesus de Nazaré e Paulo de Tarso são apocalípticos. Eles têm consciência de viver em um tempo especial, na antevéspera da salvação divina, que implicava em sofrimentos que deviam ser suportados com perseverança e fidelidade, antes da libertação final. Eles anunciavam a chegada de um novo tempo, que chamavam o Reinado de Deus, estavam convencidos de que o juízo divino e a renovação de Israel estavam igualmente próximos. Jesus insistia em enquadrar sua atuação e pregação como uma luta contra Satanás e seus demônios. Jesus também fazia referências a um ser angelical, o Filho do Homem, que viria executar o juízo em breve. Essas são ideias apocalípticas, o que não significa que eles citassem qualquer texto apocalíptico específico. Essas ideias circulavam pela sociedade de seu tempo e eles as adaptaram de um modo único.

No começo do segundo século, alguns cristãos dão um passo além em relação a essas ideias apocalípticas, que, como veremos, começavam a cair em desuso, fazendo uso explícito de formas literárias apocalípticas para a composição de relatos apocalípticos. Trata-se do Apocalipse de João, que organiza os mais diversificados elementos da profecia do cristianismo das origens em torno a temas e formas que se relacionam à tradição dos apocalipses judaicos, como o livro de Daniel ou o Livro dos Vigilantes (em 1 Enoque). É nele que temos pela primeira vez um apocalipse cristão, um texto que marcará a história da literatura e da imaginação ocidental.

O Apocalipse de João é uma obra complexa, de difícil leitura. Ainda que ela comece e encerre com saudações que lembram uma carta (1,4 e 22,21), ela apresenta na abertura uma visão do Cristo como um ser angelical, como o Filho do Homem. O Cristo, que é mostrado em meio a sete candelabros, que representam as sete igrejas da Ásia Menor, para as quais é endereçada a obra. O Cristo dita a João mensagens às comunidades, que versam sobre os problemas de cada uma. Nessas cartas celestes, podemos vislumbrar de forma idealizada como o Apocalipse concebe seu mundo e o de seus leitores. Em seguida, no capítulo 4, João é arrebatado aos céus, onde contempla o trono divino, a entronização do Cordeiro. Jesus, o Cordeiro, recebe o livro com os sete selos, contendo as pragas de juízo de Deus sobre a humanidade. Dessa cena em diante a obra fica ainda mais enigmática, uma vez que os selos – a execução do juízo divino no mundo – se desdobram em sete trombetas, seguidas de visões não numeradas, depois seguidas por mais sete taças. Ou seja, quando se espera a abertura do sétimo selo, o último deles, abre-se mais uma sequência de pragas, que por sua vez ainda não conduz ao juízo final. Apesar do leitor esperar um desvelamento (é esse o sentido da palavra "apocalipse"), ele é imergido em um universo labiríntico de pragas e mais pragas, em temas que se repetem, mas sempre intensificados. O sétimo selo, prometido no capítulo 6, é aberto quando o anjo derrama da sétima taça, que é a destruição da Babilônia, cena descrita longamente de 16,17 até o fim do capítulo 18. Após a destruição de Jerusalém, em 70 d.C., os judeus passaram a chamar Roma de Babilônia, em analogia ao império que destruiu Jerusalém e o Templo no sexto século a.C. A vingança de Deus contra o poder imperial de Roma era entendido como o ápice de seu juízo contra a humanidade e seus poderes.

O Apocalipse de João em sua oposição a Roma vai em direção contrária à maioria das comunidades cristãs do final do primeiro século ou começo do segundo. Como veremos adiante, grupos cristãos, sobretudo de contexto da missão paulina preferem um tom mais moderado e conciliador com o poder imperial e com as elites locais. Isso foi considerado na pesquisa do século XX como uma espécie de "aburguesamento cristão", uma tentativa de cooptação com o poder romano. Na verdade, essa avaliação é exagerada e não leva em consideração o universo social em que os primeiros cristãos se encontravam. Não havia burguesia ascendente no mundo antigo, muito menos algo que se pareça com uma classe média. Os primeiros cristãos no mundo greco-romano provinham das classes baixas, dos que chamamos de grupos subalternos. Se eles se submetiam às elites e ao poder imperial, o faziam na condição de subalternos, buscando formas de sobrevivência. O profeta João, autor do Apocalipse, líder de um círculo profético provavelmente de caráter itinerante na Ásia Menor, era uma exceção à regra em sua relação com o poder romano. Sua profecia visionária estava alinhada à tradição dos profetas de Israel e dos escribas apocalípticos em sua veemente crítica aos imperialismos de seu tempo. No período que se seguiu à destruição de Jerusalém judeus de várias regiões, em especial do Egito, escreveram duros oráculos contra Roma. João está antenado com essa crítica e transforma Roma e seus aliados em opositores de Deus e de seu reino. Sua estratégia retórica é a de tornar as separações sociais ainda mais radicais no âmbito simbólico, como entre justos e ímpios, os poderes divinos e os satânicos, o tempo de atuação do mau e o reinado de Deus. Sua mensagem não é voltada à necessidade de organização das comunidades cristãs ou à adaptação dos cristãos na sociedade.

O sentido de temporalidade do Apocalipse é fraturado. O tempo de domínio dos ímpios e dos poderes satânicos está chegando ao final, quando a Babilônia for destruída o reinado de Deus terá chegado (Ap 19,6). É claro que não podemos imaginar que todos os cristãos compartilhavam dessa radicalidade. As pessoas tinham que lutar pela sobrevivência, cuidar de suas famílias, buscar alimento e moradia em uma sociedade pobre de recursos para as classes subalternas. Isso criava certo dualismo entre as ideias religiosas e as práticas quotidianas. O reinado de Deus era aguardado, com suas expectativas de destituição dos poderosos e exaltação dos necessitados, de recompensas pela fidelidade ao Cristo e à práticas de justiça, no entanto, as comunidades cristãs estavam inseridas na sociedade, partilhavam de seus problemas, de seus horizontes culturais, tornando a história social do cristianismo das origens mais complexa do que uma mera polarização entre conservadores e revolucionários.

37

Mais e melhores memórias: O Evangelho de João e o Evangelho de Tomé

A vida e missão de Jesus de Nazaré foi objeto de devoção e reflexão intensas dos primeiros cristãos. Elas foram objeto de um longo processo de tradição oral e depois foram coletadas em textos que contribuíram para a formação dos evangelhos. Curiosamente, essa tradição de coletar material da tradição oral para a redação de narrativas sobre sua vida, pregação, milagres, culminando com a morte e ressurreição, não se encerrou com a redação dos primeiros evangelhos. De fato, a prática de reescritura da vida de Jesus de Nazaré seguiu viva até o século III e IV adentro, nos textos que se convencionou chamar de evangelhos apócrifos. Essa prática se manteve viva porque os cristãos não entendiam os relatos sobre Jesus como textos objetivos e distantes, que falavam apenas do passado. Nas novas narrativas que elaboravam eles projetavam sua piedade, seus problemas e suas formas particulares de devoção ao Cristo. São textos que falam tanto de Jesus de Nazaré quanto deles mesmos. São pontos de encontro entre o que é narrado e os narradores, tornando-se textos vivos e atuais para seus leitores.

Um evangelho que mostra esse dinamismo da tradição de Jesus é o Evangelho de João. Composto em algum lugar no oriente, no final do primeiro ou no começo do século segundo, ele nos apresenta um Jesus místico, quase esotérico, que profere longos discursos, nos quais dominam metáforas e imagens poderosas. Essa tradição de memórias sobre Jesus remete ao discípulo amado, que por sua vez foi associado com o nome do apóstolo João. De fato, há toda uma tradição que remete a João, um apóstolo, depois a um presbítero homônimo, representada pelo evangelho e também pelas cartas joaninas. Apesar de diferenças em gênero, local e temas, estes textos parecem partilhar de uma linguagem e teologia comuns. O Evangelho de João também partilha da linguagem mística e esotérica de um evangelho mais antigo que ele: o Evangelho de Tomé. Mas diferentemente de Tomé, que só oferece uma coleção de ditos de Jesus, o Evangelho de João apresenta uma longa narrativa com materiais originais e inéditos, que colaboram para configurar uma poderosa e alternativa narrativa sobre Jesus capaz de competir com a dos sinóticos (Marcos, Mateus e Lucas).

O Evangelho de João já se diferencia dos demais em seu início, que se convencionou chamar de prólogo (1,1-10). Nele Jesus não é apresentado como um profeta ungido e empossado em seu batismo, ou como um descendente da casa de Davi. Ele é nada menos que o Logos divino, aquele que acompanhou Deus na criação, sem o qual nada existiria, sendo ele o próprio Deus. Trata-se de um salto radical nas formas de devoção e compreensão de Jesus. Ele é o que revela a Deus como a um pai, com quem partilha da mesma natureza e de intimidade. Isso, por sua vez, o transforma em um incompreendido. Seus adversários, os fariseus, têm longos debates com ele; fica-nos evidente sua incapacidade de compreender quem ele era de fato e qual sua missão.

Há outras diferenças do Jesus joanino com o dos evangelhos sinóticos. Se a pregação de Jesus é curta, profética, e seu ensino composto de parábolas, no Evangelho de João Jesus faz longos e difíceis discursos, alguns caracterizados como discursos de despedida, feitos antes de sua morte. Os milagres, que eram curtos e esquemáticos nos evangelhos sinóticos, tornam-se aqui sinais e desencadeiam debates sobre a natureza de Jesus. O Evangelho de João também é destacadamente o mais sacramental de todos.

Jesus é apresentado como o pão do mundo, aquele que comigo dá a vida eterna; ele também é a videira que dá muito fruto.

O Evangelho de João representa as ideias religiosas de um grupo de cristãos que se sentem à margem tanto do judaísmo como das demais comunidades cristãs. A tensão contra as autoridades judaicas é amplificada no relato. Também parece haver uma busca por legitimidade das tradições do discípulo amado e dos grupos cristãos que elas representam. Há consideráveis diferenças na teologia joanina em relação às apresentações mais antigas de Jesus. É introduzida a figura do Paráclito, uma designação especial para o Espírito Santo. Falta totalmente a perspectiva escatológica dos evangelhos sinóticos, como a expectativa de uma vinda do Filho do Homem, de catástrofes escatológicas e do juízo final. As expectativas futuras se resumem basicamente à esperança da vida eterna, e ao fato de que Jesus irá preparar moradas celestes para os seus. O Evangelho de João é uma demonstração do pluralismo das ideias religiosas do cristianismo das origens em relação ao que ele tinha de mais central: a identidade de Jesus de Nazaré.

38

Como agir no mundo? Adaptações e resistências

Como abordamos anteriormente, os primeiros cristãos viviam um dilema fundamental em suas relações com a sociedade de seu tempo. Sua religião buscava transcender o mundo, seja na criação de uma comunidade verdadeira de irmãos e irmãs de distintas etnias, onde não havia "judeu nem grego, escravo ou livre, homem nem mulher" (Gl 3,28), uma sociedade na qual não exista distinção de pessoas (Tg 2), contrariando totalmente a rígida hierarquia social do mundo mediterrâneo. Os mais radicais aguardavam para seu tempo a irrupção do juízo divino sobre os poderes terrenos e a salvação escatológica do povo de Deus. No entanto, enquanto buscavam cultivar essas relações e essas esperanças, eles viviam e trabalhavam nessa sociedade profundamente desigual e injusta. Essa situação lança o desafio: como manter-se fiel ao ideário libertário e revolucionário de sua nova fé e sobreviver na sociedade à qual pertenciam? Diante dessa problemática os primeiros cristãos reagiram das mais diferentes maneiras. Uma das mais bem-sucedidas foi a adaptação, ou a busca por aperfeiçoamento, das relações convencionais da sociedade a partir de princípios da nova fé. Essas adaptações não satisfazem as expectativas dos leitores modernos, que esperavam por uma postura mais agressiva na busca por igualdade nas relações de gênero, ou em uma postura abolicionista. Não é isso, no entanto, o que encontramos. Paulo, na Carta a Filêmon, intercede para que o escravo cristão fugitivo, Onésimo, seja bem recebido de volta por seus senhores. Em nenhum momento nesse caso Paulo tira as conclusões que gostaríamos. Também é frustrante ler o capítulo 13 de Romanos, em que Paulo defende a obediência às autoridades, como constituídas por Deus, como poder legítimo de punição aos desobedientes. Essa postura contrasta frontalmente com o capítulo 13 do Apocalipse, no qual o poder romano e seus aliados são descritos como dois monstros assustadores e violentos, exercendo um poder que é tudo menos legítimo. Essa ambiguidade nas posturas políticas e sociais mostra que grupos dos primeiros cristãos estavam tateando formas de comportamento na sociedade que lhes permitissem viver em harmonia com seu entorno social e com as autoridades, sem negar princípios fundamentais de sua fé. De qualquer forma, não sabemos qual o grau de adesão de mensagens mais radicais como a do Apocalipse de João. É mais provável que os membros das comunidades tenham escolhido caminhos de negociação e adaptação. Ninguém é milenarista e apocalíptico 24 horas por dia. As coisas práticas da vida têm que ser encaminhadas no mundo da família, do trabalho, na relação com os superiores e com o poder.

Há um âmbito no qual podemos ver essas adaptações em ação. Trata-se em um tipo de texto que convencionamos chamar de códigos de deveres domésticos, que não é outra coisa senão uma descrição dos deveres entre os membros da família. Um caso claro é Efésios 5,21-6,9, uma dessas listas com os deveres de esposas para com esposos, filhos para com os pais e escravos para com os senhores. Tudo é muito tradicional. Nossas expectativas são frustradas: as mulheres ainda devem submeter-se a seus maridos e os escravos devem obedecer a seus senhores. Há, no entanto, alterações que devem ser consideradas. Nos códigos de deveres domésticos tradicionais as obrigações listadas são sempre de baixo para cima, do mais fraco para o mais forte. Em Efésios 5 encontramos, no entanto, orientações recíprocas, como, por exemplo, que os maridos também amem suas esposas, ou que os senhores tenham obrigações com seus escravos.

Além disso, há inserção de motivos teológicos: maridos devem amar as esposas como Cristo ama a Igreja, ou os senhores respeitar os escravos pois Deus é senhor de escravos e senhores. Essas adaptações sutis e pouco convincentes para nossos olhos testemunham comunidades adaptando – e nesse sentido abrandando também – valores de seu grupo religioso para uma convivência social estável e pacífica.

Nas epístolas pastorais, conjunto de textos pós-paulinos composto por 1 e 2 Timóteo e Tito, do final do primeiro século, há instruções sobre o perfil das lideranças cristãs nas comunidades. Novamente, as mulheres são relegadas a um papel subalterno, que representa um retrocesso em relação ao papel das mulheres em Corinto décadas antes. Se lá elas eram poderosas profetizas e místicas, aqui elas são limitadas a ocupar o cargo de "viúvas" (1Tm 5,3-16). As mulheres nessas cartas são terminantemente proibidas de ensinar (1Tm 2,9-15). Os cargos importantes são masculinos, exercidos por "presbíteros", "diáconos" e "bispos" (no plural!). E mesmo no caso deles, as qualidades exigidas não se referem aos dons espirituais, profecia, poder de exercer milagres etc. Trata-se antes de, entre outras qualidades, "ser esposo de uma mulher só" ou de "ter educado bem a seus filhos" (1Tm 3,1-7), ter "bom senso" etc.

39

O corpo e a sexualidade como problemas

Os primeiros cristãos muito cedo desenvolveram uma relação complicada com o corpo, com os desejos e, em especial, com a sexualidade. Essa postura crítica com o corpo é um enigma para os pesquisadores por dois motivos. Primeiro, porque ela é um fenômeno que parece fora de contexto. O judaísmo, apesar de suas posturas patriarcais e das normas de pureza, não tinha uma posição tão negativa com o corpo e com seus desejos. O mesmo podemos dizer da sociedade greco-romana, que, apesar de regrar e controlar a sexualidade, não a vê como um problema. O segundo motivo é que as posturas de negação do corpo e do sexo se manifestam muito cedo no cristianismo primitivo, ainda que de formas diferentes. Isso não quer dizer que todos os cristãos partilhassem do dualismo espírito versus matéria, que na verdade seria característico do gnosticismo e em outras correntes do século II em diante. Mesmo nas origens há um incômodo com o corpo e com o sexo. Já no segundo século encontramos um conjunto de narrativas que louvam as relações idealizadas entre maridos e mulheres, nas quais os cônjuges abrem mão de relações sexuais. O ápice desse processo encontramos no retiro de homens santos, ascetas, para o deserto, no Egito do IV século, onde fustigariam o corpo e dominariam radicalmente seus desejos.

Paulo de Tarso, apesar de ser apontado como o responsável pela ideologia de culpa e de repressão dos desejos nas origens do cristianismo, era nada mais que um pragmático nesses assuntos. Em 1 Coríntios 7, Paulo responde a uma pergunta de sua comunidade sobre as relações sexuais entre cônjuges. Lembremo-nos que se trata de uma carta datada de meados dos anos 50. Já havia nesse tempo especulações sobre castidade marital entre cristãos? Isso parece não fazer sentido, principalmente porque sexo e pureza sexual não eram um assunto em absoluto de Jesus de Nazaré. No entanto, parece ser esse o caso. A pergunta, "é bom ao homem não tocar em mulher" (1Cor 7,1), parece ser reprodução de uma proposta de alguns desses cristãos. De qualquer forma, temos que ser justos com Paulo. Sua resposta é surpreendentemente moderna. Paulo tem uma relação pragmática com o sexo:

sexo serve para aliviar o desejo sexual. Não é nada romântico, nem mesmo erótico, mas mostra que Paulo só se preocupa com relações sexuais que contrariem a lei, como as mantidas com prostitutas, problema aliás relatado na comunidade de Corinto.

De qualquer forma, apesar de Paulo preferir o celibato, mesmo dos casados, sexo não parece ser um grande problema para ele. Isso é muito diferente do que encontramos em uma releitura da tradição de Jesus, no Evangelho de Mateus. No capítulo 19 Jesus é perguntado, após sua proibição do divórcio, sobre se diante desse fato ainda vale se casar. Jesus responde: "Com efeito, há eunucos que nasceram assim, do ventre materno. E há eunucos que foram feitos eunucos pelo homem. E há eunucos que se fizeram eunucos por causa do Reino dos Céus" (Mt 19,12). É pouco provável que essa passagem remeta a ditos autênticos de Jesus, de qualquer forma, que cristãos entendam que fazer-se eunuco "pelo Reino dos Céus" pareça uma prática aceitável, nos indica uma radicalização da crítica ao sexo.

No Apocalipse de João, livro profético que busca conscientizar que o Império Romano é uma manifestação demoníaca que está prestes a ruir diante da chegada do juízo divino e de seu reinado, a prática esperada pelos cristãos é a abstinência de todo sexo. E mais, segundo suas palavras, trata-se de não se "contaminar com mulher". No capítulo 14, João relata uma visão em que o Cordeiro estava acompanhado de 144.000 caracterizados como: os que "traziam na fronte o nome dele e o nome de seu pai" (v. 1). Eles cantavam um "cântico novo", que só eles podiam aprender e entoar. "Estes são os que não se contaminaram com mulheres: são virgens." Provavelmente, o visionário não se refere aqui a pessoas concretas. Elas se encontram no céu e participam de uma cena de culto com o Cordeiro. O Apocalipse tende a projetar seus leitores ideais ao status de mártires exaltados nos céus. Eles ocupam funções angelicais, os responsáveis pelo culto celestial. O fato de eles serem virgens é uma sutil alusão ao mito dos Vigilantes que encontramos em 1 Enoque 6-11, segundo o qual, no princípio os anjos desejaram mulheres e, descendo dos céus, as possuíram. Esse mito é muito difundido no judaísmo desse período, e se faz refletir nos textos do cristianismo primitivo. O Apocalipse, ao dizer que esses cantores celestes são virgens, quer destacar seu status de pureza angelical. Nem por isso as mulheres de então, e as de hoje, sentem-se devidamente tratadas ao serem descritas como seres que "contaminam".

Em textos do segundo século encontraremos duas formas de acirrar esse mal-estar com o sexo: uma delas é a descrição dos heróis cristãos por excelência, os apóstolos, como separadores de casais, conforme os Atos Apócrifos; outra forma é inserir o problema do sexo na cabeça das pessoas, na forma de culpa, criando formas de subjetividade marcadamente cristãs, quando nossos desejos ocultos nos perseguem e nos reprimem em nossos sonhos, conforme encontramos no Pastor de Hermas.

40

O Cristo cósmico

A pesquisa crítica das origens cristãs do século XX constatou um problema central para uma história desse movimento religioso: Jesus de Nazaré era um anunciador do reinado de Deus iminente, que após sua morte, no entanto, torna-se o tema do anúncio de seus seguidores. Se Jesus se apresentava como um profeta e milagreiro, para os cristãos ele se torna objeto de devoção. O Novo Testamento reflete essas tensões entre um movimento profético camponês, centrado em pregação, partilha e milagres, e um movimento urbano, doméstico, de devoção no culto. Ao apresentar essas duas tendências não queremos criar um falso dualismo: entre cristãos profetas revolucionários e outros mais acomodados e devotos. A questão se refere ao fato de que a Jesus de Nazaré vários títulos e funções messiânicas e divinas são atribuídos. Esse intenso processo de reinterpretação de Jesus após sua morte e ressurreição é chamado de cristologia do Novo Testamento. O escândalo da morte do messias e o mistério do túmulo vazio e dos encontros com o ressuscitado fizeram com que as primeiras comunidades revisitassem as Escrituras, mesmo que na tradução grega dos Setenta, e ali buscassem referências a Jesus. Essa parte da pesquisa bíblica é muito especializada, requerendo amplo conhecimento da literatura judaica do período, de suas variadas tradições messiânicas e angelicais, com o objetivo de reconstruir o desenvolvimento das ideias religiosas que culminaram no mosaico de expressões cristológicas das comunidades. Um fato, no entanto, deve ser ressaltado aqui: essas atribuições de sentido a Jesus de Nazaré, sua redescoberta (!) e identificação como messias, salvador, juiz do final dos tempos, mediador celeste, filho de Deus, Senhor, Todo-Poderoso etc. não surgiram de exercícios filológicos e teológicos abstratos e intelectualizados. A cada um dos títulos atribuídos a Jesus deve ter correspondido um âmbito de experiência religiosa comunitária, como culto, visão, oração, meditação, partilha do pão, como, por exemplo, vimos anteriormente no relato do encontro com Jesus no caminho de Emaús. No Apocalipse 4 e 5, vimos um exemplo padrão desse tipo de experiência e de ampliação do conhecimento. No capítulo 4, João vê o trono de Deus e sua corte, no modelo das visões apocalípticas judaicas. No capítulo 5, no entanto, não é achado no céu ninguém digno de abrir os selos que revelariam e dariam encaminhamento ao final dos tempos. Em meio ao choro de desespero do profeta visionário, Jesus de Nazaré é apresentado como um Cordeiro, que recebe o livro selado e é entronizado junto a Deus. Essa revelação, por mais associações metafóricas e teológicas que tenha, tem origem em três pilares: a) uma espiritualidade visionária, que permite criatividade e recepção de novos conteúdos simbólicos, b) uma sensibilidade para com seu contexto social, uma vez que o Cordeiro "como que imolado" é considerado digno de executar o juízo de Deus contra os poderes opressores, e c) um contexto de culto e devoção, que nesse caso é apresentado como o celeste, idealizado, mas que reflete as práticas religiosas dos grupos cristãos das origens.

Esse tipo de ressignificação de Jesus de Nazaré produz um tipo de discurso religioso denso, imaginativo e de alcance cósmico. Podemos visualizar essa cristologia com clareza em duas cartas atribuídas ao apóstolo Paulo, porém reconhecidamente tardias, a carta aos Colossenses e aos Efésios. Nelas encontramos o ápice de atribuição de honrarias e aspectos divinos a Jesus de Nazaré: ele se torna um Cristo cósmico. Na leitura dos dois primeiros capítulos da carta aos Efésios ou do primeiro capítulo da carta aos Colossenses nos chamará a atenção a densidade do vocabulário e a falta de linearidade dos argumentos usados. É como se o estilo literário epistolar fosse invadido por um ritmo místico e litúrgico. Em um desses trechos encontramos o que talvez possa ser considerado um dos pontos altos de expressão de devoção religiosa ao Cristo:

> "Ele é a imagem do Deus invisível,
> o Primogênito de toda criatura,
> porque nele foram criadas todas as coisas,
> nos céus e na terra,
> as visíveis e as invisíveis:
> Tronos, Soberanias, Principados, Autoridades,
> tudo foi criado por ele e para ele.
> É antes de tudo e tudo nele subsiste.
> É a cabeça da Igreja,
> que é seu Corpo.
> É o Princípio,
> o primogênito dos mortos,
> tendo em tudo a primazia,
> pois nele aprouve a Deus
> fazer habitar toda a Plenitude
> e reconciliar por ele e para ele todos os seres,
> os da terra e os dos céus,
> realizando a paz pelo sangue de sua cruz" (Cl 1,15-20).

Ao fazermos referência a essas expressões da chamada "cristologia alta", na qual Jesus é venerado como uma divindade, junto ao Pai, não queremos, no entanto, dar a entender de que há um desenvolvimento linear em relação às "cristologias baixas", aquelas com menor verticalidade em suas afirmações.

Tampouco queremos dizer que um tipo de veneração substitui o outro. A devoção a Jesus de Nazaré como poderoso milagreiro e ousado profeta seguiu sendo cultivada na tradição dos evangelhos, em especial nos sinóticos, concomitantemente, com devoção a Jesus como Senhor (*kyrios*) da tradição paulina. Na verdade, uma das primeiras identificações apocalípticas judaicas a que foi submetido Jesus, talvez nos estratos mais primitivos da tradição dos evangelhos, atribui-lhe poderes e responsabilidades angelicais, como no caso do "Filho do Homem", nada menos que o anjo juiz que auxiliava Deus no juízo. Curiosamente, Paulo de Tarso se distancia desse tipo de devoção a Jesus. Ele prefere chamar Jesus de Senhor, Salvador ou de Filho de Deus, nunca fazendo referência ao misterioso Filho do Homem.

41

Multiplicidade de modelos comunitários e de liderança. Esforços de unificação

No final do primeiro século, começo do segundo, o cristianismo primitivo se configurava como uma nova religião que, apesar de relativamente irrelevante estatisticamente, era bastante disseminada por todo o Império Romano, estando presente em suas mais diversas regiões. Os Atos Apostólicos Apócrifos, escritos redigidos no segundo e terceiro séculos que relatam a atuação milagreira e profética dos apóstolos, os colocam nas mais exóticas paisagens. Se Pedro atuava em Roma, Paulo era bem-sucedido em sua viagem à Espanha. André e Matias teriam atuado na Cítia (descrita como a exótica terra dos canibais) e Tomé pregou o evangelho nada menos que na Índia. Fato é que o cristianismo tem seus membros presentes da Ibéria até o Eufrates, da Gália até o Egito.

Essa pluralidade de comunidades, em diferentes regiões geográficas, em relação com as mais diversas culturas, também teve impacto no perfil das comunidades e em sua forma de organização. Trata-se de um movimento religioso que tem uma característica curiosa, quando não contraditória. Os primeiros cristãos eram plurais, diversos entre si, mas não abriam mão de disputas retóricas pesadas entre si. Os temas de debate eram os mais diversos e iam de temas como o relacionar-se com o mundo, a ética sexual, o papel das mulheres, o que esperar do poder pagão, até questões mais relacionadas a seus símbolos e sua devoção, como quais seriam as expressões mais adequadas na devoção ao Cristo, a relação com a tradição judaica, o que esperar do final dos tempos, quais as formas corretas dos rituais etc. Ou seja, a pluralidade das crenças e práticas dos primeiros cristãos era acompanhada de duros embates, que usavam, sem meias palavras, de recursos retóricos greco-romanos com os quais buscavam desqualificar seus adversários, que na verdade eram seus coirmãos.

O problema básico era que, ao contrário da religião cívica romana ou da religião do Templo em Jerusalém, os cristãos não contavam com corpos sacerdotais e equipes de teólogos e professores com funções normativas em suas primeiras décadas de existência. Na verdade, um corpo oficial, com poder de decisão efetivo e de punição social e jurídica de dissidentes o cristianismo só viria a ter no quarto século, quando ele inicia o processo de transformação em religião do Império. Isso não significa que os embates e os processos de crítica, condenação e exclusão não acontecessem antes. Na verdade, estavam presentes desde o começo. No Evangelho de Marcos os discípulos pedem a Jesus que proíba de atuar alguns exorcistas que não o acompanhavam. Curiosamente, Jesus se recusa a atender o pedido deles. O apóstolo Paulo gasta muito espaço em sua correspondência às comunidades que fundara enviando instruções para que se mantivessem fieis à sua pregação e repreendendo os concorrentes. Parece que a cada comunidade fundada ou visitada por Paulo e sua equipe, sucedia-se que um grupo de concorrentes fosse pregar uma mensagem diferente. No Apocalipse de João temos a impressão que o profeta e seu círculo pertencessem eles mesmos a um desses círculos que visitavam comunidades já estabelecidas com o fim de "desperta-las" ou de oferecer uma versão melhor ou mais profunda da Boa-Nova.

A retórica de combate aos adversários nos textos do Novo Testamento é surpreendentemente pesada. Quem apresentava uma doutrina que não correspondesse ao "depósito", ou seja, ao que fora pregado inicialmente, pelo fundador da comunidade, era desqualificado por meio de acusações estereotipadas: sexo e dinheiro. A primeira acusação atingia principalmente as mulheres, vítimas de todo o tipo de insinuações, desde lascívia até práticas de prostituição. O tema do dinheiro relacionava os pregadores alternativos ao universo dos charlatães. Esses temas são muito importantes em um conjunto de textos que se convencionou chamar de cartas Pastorais, às quais já fizemos referência. Nelas, o legado paulino, muito particular por sinal, era defendido contra os missionários que traziam uma mensagem alternativa, chamada pelo autor da carta de "fábulas de velhas caducas". É muito claro que essa pesada expressão buscava desqualificar a espiritualidade de mulheres que narravam relatos sobre o passado. Seriam elas as que transmitiam memórias de Jesus? Em todo o caso, um cristianismo de doutrinas parece ter se oposto a um cristianismo de imaginação narrativa.

42

Movimento de propaganda dos Bispos (Inácio de Antioquia)

Como vimos anteriormente, nas cartas Pastorais já houve uma primeira tentativa de definir funções e responsabilidades de cargos dos líderes: bispos, diáconos, presbíteros e viúvas. Eles parecem ser a cristalização e o desenvolvimento de certa organização incipiente das comunidades paulinas, ao tentar impor limites aos movimentos livres do carisma e do Espírito, com o qual Paulo estava sempre em negociação. Não sabemos, no entanto, quão aceita e difundida havia sido essa estrutura de cargos nas comunidades. Provavelmente, tratava-se de um esforço de organização de igrejas da Ásia Menor, em cidades como Éfeso, por exemplo, sem qualquer poder de normatividade sobre outras comunidades, em outras regiões.

Um passo além na consolidação desse projeto de criação de um sistema de cargos e de autoridade foi dado por um bispo e mártir do começo do segundo século: Inácio de Antioquia. Ele viajou por toda a Ásia Menor com destino a Roma, onde enfrentaria o martírio, distribuindo cartas a essas igrejas, em um total de sete. Nelas, entre outros assuntos, ele fez apologia a um novo tipo de governo das igrejas. Ele defende a autoridade total de um bispo único (*episkopos*, em grego, que pode ser traduzido como "supervisor"), que, na pesquisa se convencionou chamar de "bispo monárquico". Nos chama a atenção que junto com sua apologia ao martírio (um tema trágico e urgente!), que efetivamente aconteceu, ele ainda encontrasse motivação para fazer propaganda do papel do bispo nas comunidades. O fato, no entanto, é que não temos clareza se esse modelo de autoridade conseguiu ser implantado como exclusivo, em um período tão prematuro. E se houve no começo do século II um bispo único regional, como ele teria se relacionado com os demais bispos? Quem teria tido mais poder ou o poder de moderação em caso de impasse? Não devemos atribuir esse papel de forma inequívoca ao bispo de Roma, pelo menos ainda não no segundo século.

Além das dificuldades obvias em impor à comunidade cristã (*oikumene*) a autoridade de bispos monárquicos, devemos levar em consideração o fato de que havia ainda outras formas de governo e administração comunitária em exercício.

Contemporâneo às cartas de Inácio de Antioquia é o Apocalipse de João, que remete a um tipo arcaico de organização de comunidades cristãs. O profeta visionário em nenhum momento se apresenta como autoridade evocando cargos, como o de epíscopo ou presbítero. No final do livro, no cap. 22, aparece uma cena na qual João tenta adorar o anjo que o conduz pelas visões. O anjo prontamente o repreende e diz: "Não! Não o faças! Sou servo como tu e como teus irmãos, os profetas, e como aqueles que observam as palavras deste livro" (22,9). Essa passagem parece indicar duas coisas: primeiro, João pertence a um círculo de profetas e, segundo, há uma curiosa igualdade de status entre esse círculo de profetas e o anjo, incomum no mundo dos textos apocalípticos. O livro se inicia com uma série de sete cartas nas quais o Cristo afirma conhecer as características de cada comunidade, em diferentes cidades da Ásia Menor, incluindo as duas mais importantes, Éfeso e Pérgamo. João parece ter adversários nas comunidades em que atua, como é o caso com o grupo que ele chama de "nicolaitas" e os liderados pela profetiza que ele batiza com o nome pejorativo de Jezabel.

As comunidades cristãs da Ásia Menor são reconhecidamente de origem paulina e cultivam sua memória, como podemos ver pelos escritos do final de primeiro século que dedicam a ele sua autoria, como é o caso das cartas aos Colossenses, Efésios e as Pastorais (1 Timóteo, 2 Timóteo e Tito). Isso, no entanto, não impede que houvesse outros grupos de cristãos ali representados, sob autoridade de outros pregadores e com memória vinculada a outros apóstolos, como podemos observar nas cartas de Pedro e nas cartas Joaninas. Teríamos, então, de um lado do espectro comunidades que se organizavam em cargos e funções, nas casas. Dentre esses grupos começava a surgir o modelo do bispo monarca. Do outro lado do espectro estava o profeta João e seu grupo de profetas itinerantes. O fato de escreverem para um grupo de igrejas de origem paulina pode indicar que eles eram profetas visionários, carismáticos e itinerantes.

Por fim, há igrejas que parecem conviver relativamente bem com os dois tipos de autoridade, o que mostra que eles não eram excludentes, pelo menos não nesse período. A Didaqué, também chamada de Ensino dos Doze Apóstolos, escrita nesse mesmo período, talvez no Egito, contém instruções para "apóstolos e profetas", itinerantes e mendicantes. Eles não deveriam ficar nas casas por mais de três dias, vivendo às custas dos fiéis, que deveriam ser gente pobre (11,3-5). O texto, no entanto, também traz instruções acerca da eleição de bispos e diáconos (15,1-2). Isso pode indicar uma combinação de ao menos dois modelos de atuação missionária de organização das comunidades: o itinerante-rural e o sedentário-urbano.

43

Rupturas nas origens: o judaísmo como problema

O cristianismo do segundo século é um problema central em uma história do cristianismo das origens. Muitos pesquisadores afirmam que o período das origens se limita ao primeiro século, ao período apostólico. Também atribuem ao segundo século uma tendência de decadência da fé e o início de processos sincréticos com a cultura greco-romana. Esse tipo de postura teológica e historiográfica simplifica os complexos processos culturais que estavam em andamento nas origens do cristianismo. Devemos tirar da virada do primeiro para o segundo século a aura mistificadora que recebe na pesquisa. O primeiro século não é um período de origens intocadas, puras ou genuínas. Tampouco o segundo século pode ser visto como um período de apostasia e de decadência. Os processos culturais não podem ser determinados por apenas alguns fatores (como doutrinas ou pertenças institucionais) e não podem ser delimitados por cronologias restritas. Os primeiros cristãos, já no movimento de Jesus na Galileia, participaram de interações culturais intensas com seu contexto desde as origens.

Tirada essa aura de originalidade do primeiro século e contestada a fama de período de decadência do segundo, temos que reconhecer, no entanto, que no segundo século processos importantes são desencadeados com vistas à construção de uma identidade cristã na sociedade mediterrânea. Nesse período a missão cristã é consolidada. Há comunidades, dos mais diferentes tipos, representadas nas principais cidades da maioria das províncias do Império Romano. Ainda que sub representados na sociedade, devido a sua origem dos grupos subalternos, os cristãos não podem mais ser ignorados por Roma. Se no começo da década de 20 desse século o Imperador desconhece quem seriam os cristãos, como podemos constatar na correspondência entre Plínio e Trajano, em poucos anos os cristãos serão conhecidos das autoridades e passíveis de repressão e perseguição.

Uma das primeiras diferenciações a ser acirrada nesse período é em relação ao judaísmo, a religião de origem do cristianismo, e da qual provavelmente muitos de seus líderes nunca se separaram. Jesus de Nazaré não foi seguidor de outra religião que a de seus pais e de seu povo: o culto a Javé. O mesmo podemos dizer de Paulo de Tarso. Ao afirmar que no segundo século algumas lideranças cristãs delimitassem sua identidade em relação ao judaísmo, não quer dizer que essa separação tenha se dado de uma vez por todas. Haverá ainda profundos intercâmbios e diálogos por debaixo das políticas das lideranças e de suas teologias. Trata-se de um processo não linear, que não pode ser estudado em um único nível.

Há um líder na igreja antiga que se tornou o catalizador desse processo: trata-se de Marcião de Sínope. Ele foi um líder na igreja de Roma na metade do segundo século. Em sua pregação e escritos ele aponta de forma enfática e caricatural para um problema fundamental de interpretação da Bíblia. Ele percebeu uma notável diferença entre a imagem de Deus que havia no Antigo Testamento e a do Novo Testamento. Para ele o Deus das Escrituras hebraicas era uma divindade tribal, iracunda, limitada, incompatível com a ideia de Deus apresentada por Jesus, um Deus amoroso, universal. Dessa forma ele entende Javé como um demiurgo, uma divindade criadora, porém inferior ao verdadeiro Deus, o pai de Jesus. Essa diferenciação entre o Deus criador do mundo e o verdadeiro Deus pai de Jesus Cristo será depois desenvolvida pelos sistemas gnósticos. Marcião não considerava o Antigo Testamento falso. Ele só considerava sua imagem de

Deus e sua mensagem inferior à do Novo Testamento. Na verdade, ele propunha um debate sobre o cânon do Novo Testamento. Que textos deveriam fazer parte da coleção de escritos que seria normativa para os cristãos? Marcião fez suas opções, com clara preferência por Lucas, Atos e Paulo.

Marcião foi expulso das igrejas de Roma, criando com seus seguidores sua própria igreja, em Roma e além. Se a proposta de Marcião de diferenciar o Deus do Antigo Testamento do pai de Jesus foi rejeitada pelos bispos da igreja antiga por ser muito radical, é fato que ele demonstrou a necessidade de reflexão sobre a composição da Escritura cristã, composta do Antigo e do Novo Testamento. De que livros esses dois conjuntos de textos deveriam ser compostos? O debate sobre o cânon da Bíblia, em especial do Novo Testamento, foi intenso e só foi definido nos concílios eclesiásticos do IV século, após muitas negociações entre os bispos e as tradições que eles representavam. Marcião também provocou nas igrejas cristãs um debate sobre como ler o Antigo Testamento. Ele deveria ser lido literalmente? O Novo Testamento era uma continuidade natural do Antigo? Como relacionar as exigências de observância da lei com a graça? Teólogos importantes desse período como Clemente de Alexandria, Tertuliano, Justino Mártir, entre outros, criaram modelos de interpretação alegórica do Antigo Testamento que se tornaram padrão para a interpretação até o cristianismo medieval. Elementos da Escritura judaica eram lidos como correspondendo a realidades espirituais. Esse modelo de interpretação não era de fato uma invenção cristã, tendo sido desenvolvida por um expoente do judaísmo antigo, Fílon de Alexandria (20 AEC – 50 EC). O debate em torno às propostas radicais de Marcião e as soluções encontradas pelos pais da igreja tiveram efeitos ambíguos. Por um lado, levou e uma delimitação mais acentuada para com o judaísmo, enfatizando diferenças, com um sentido de superioridade atribuído ao cristianismo, na consideração de que o judaísmo é uma espécie de preparação para o evangelho. Por outro lado, a solução encontrada foi muito mais delicada que a proposta por Marcião, levando a um reconhecimento da herança judaica do cristianismo, da impossibilidade de abrir mão de seus símbolos e de sua Escritura. Nessa direção, mais tarde os concílios cristãos optariam pela versão hebraica do Antigo Testamento, a despeito da importância que a tradução grega dos Setenta teve nas origens.

44

Delimitações internas: quem são e o que pensam os cristãos?

O cristianismo nasceu como um movimento religioso plural. Logo após a execução de Jesus de Nazaré, os grupos cristãos iniciaram uma busca por respostas ao fato de seu messias ter sido executado violentamente pelos romanos. Alguns grupos relatavam ter encontrado seu túmulo vazio e ter tido encontros com o ressuscitado. Outros transmitiam seus ensinamentos misteriosos e afirmavam que em sua interpretação secreta se encontravam com o Jesus vivo. Outros, por sua vez, entenderam que a morte e a ressurreição de Jesus eram eventos do final dos tempos para a salvação da humanidade. Também havia diferenças consideráveis nos títulos que eram atribuídos a Jesus na devoção dos cultos comunitários: ela era o Filho do Homem, o Senhor, o Cristo (o messias, em grego), o Todo-Poderoso etc. Havia discussão sobre seu lugar no mundo celeste. Seria Jesus exaltado como um anjo entre outros ou teria um status muito superior a qualquer anjo, conforme debatido em Hebreus (1)? A carta aos Efésios (1) e o Apocalipse (4) insistem em sua entronização à direita de Deus. Nos costumes e na forma de se relacionar com a sociedade os cristãos também eram muito diferentes entre si. Havia grupos que insistiam no isolamento da sociedade e no abandono dos compromissos matrimoniais e civis, como é o caso do Apocalipse de João. Paulo de Tarso, por sua vez, entendia que os que não tinham o dom do celibato deviam se casar e insistia que todos trabalhassem para seu sustento, como ele mesmo o fazia. Poderíamos listar muitos outros pontos de divergência entre as comunidades.

Também mostramos nas páginas acima que essa pluralidade era acompanhada de dois movimentos aparentemente contraditórios: por um lado, os líderes usavam de estratégia retórica pesada para desqualificar seus adversários; por outro lado, persistia uma insistência em manter canais amplos de diálogo e intercâmbio entre si. No segundo século, no entanto, há uma intensificação dos ataques a grupos divergentes, formas retóricas mais sofisticadas, como as apologias e os tratados para combater hereges, são adotadas. Se no nível da cultura popular, em gêneros literários narrativos, diversas releituras das origens circulavam nas comunidades, surge também agora um tipo de literatura que imita formas filosóficas e jurídicas de elite, por meio dos quais desqualificam e criticam os adversários, com o fim de exclui-los da convivência. Trata-se de um movimento anacrônico e surpreendente para um grupo religioso maioritariamente composto de gente dos grupos subalternos e sequer reconhecido por Roma. Autores como Justino Mártir (100-165), Irineu de Lion (130-202), Clemente de Alexandria (150-215) e Tertuliano (160-220) eram intelectuais arrojados, que buscavam marcar posição externamente, mostrando que o cristianismo era uma forma de vida compatível com o Império e com os valores filosóficos elevados, ao mesmo tempo que internamente combatiam grupos e espiritualidades que consideravam desviar de seus preceitos normativos. Uma obra que nos chama a atenção em especial é a *Contra os Hereges*, de Irineu de Lion, composta em cerca de 180. Nela já encontramos uma precoce sistematização das doutrinas cristãs e uma refutação rigorosa e intransigente de vários grupos cristãos contemporâneos. Muitos deles nós só conhecemos por meio das refutações de Irineu. O que mais nos choca na obra do Bispo de Lion é que ela silencia totalmente sobre a cruel execução de cristãos ocorrida no anfiteatro da cidade apenas três anos antes da redação de Contra os Hereges. Na obra não há qualquer menção a esses fatos.

Se, por um lado, havia uma movimentação de intelectuais e líderes cristãos em direção a uma sistematização das doutrinas e definição interna e externa da identidade do cristianismo, por outro lado, havia uma efervescência de espiritualidades no cristianismo das camadas populares. Um exemplo de dinamismo do cristianismo popular é o Montanismo, movimento originado na região da Frígia, no interior da Ásia Menor. Pouco sabemos sobre seus primeiros líderes, uma vez que se tratava inicialmente de um movimento de profecia oral e de êxtase. Tudo o que sabemos sobre eles vem de escritos de seus adversários. Eles estavam abertos às revelações do Espírito Santo que inspirava os profetas Montano, Maximila e Priscila. Eles pronunciavam curtos oráculos de significados misteriosos, vários deles se referiam ao Paráclito uma designação ao Espírito no Evangelho de João. Também promoviam danças litúrgicas nas quais as mulheres da comunidade podiam participar em transe. Suas práticas eram ascéticas. Eles aguardavam a descida da cidade santa, a Nova Jerusalém, sobre a cidade frígia de Pepuza. Eram leitores, portanto, do Apocalipse e do Evangelho de João. Esse grupo religioso parece ter tido uma expansão considerável no segundo e no terceiro séculos, influenciando muito o cristianismo do norte da África, inclusive. A reação dos bispos e dos pais da igreja foi muito violenta, condenando os montanistas veementemente.

Em obras como Contra os Hereges, de Irineu, encontramos a refutação, mas também a apresentação, ainda que pejorativa, de diversos grupos que começavam a ser excluídos das comunidades cristãs, como os simionitas, seguidores de Simão Mago, os marcionitas, seguidores de Marcião, os Valentinianos, discípulos do mestre gnóstico Valentino, entre outros.

Os gnósticos eram de longe o grupo mais combatido no segundo século, merecendo longas refutações na obra de Irineu de Lion e uma obra inteira de Tertuliano, o Contra os Valentinianos. A origem do gnosticismo é incerta, sendo objeto de muita discussão na pesquisa. Pode-se considerar que era um tipo de cristianismo dualista originado na Síria, no começo do segundo século, que fez seguidores por várias partes do Império, incluindo Roma e Egito. Hoje, podemos conhecer bem o gnosticismo a partir de seus próprios escritos, e não somente por críticas dos pais da igreja, devido ao fato de que em 1945, em Nag Hammadi, no alto Egito, foi encontrada uma coleção de 13 códices contendo escritos gnósticos em sua maioria. Trata-se de traduções ao copta de escritos mais antigos, originalmente, compostos em siríaco ou em grego. Entre eles foram encontrados evangelhos (como o de Tomé e o de Felipe, entre outros), apocalipses, tratados, escritos sobre a origem do mundo (como o Hipóstase dos Arcontes, e o Sobre a Origem do Mundo) etc.

45

O cristianismo dos grupos subalternos

Como viemos apresentando, o cristianismo do segundo século é um espaço de crescente controle e delimitação. Lideranças de bispos controlavam os discursos e o ensino a partir de um discurso incipiente que se cristalizava em torno ao termo "ortodoxia", a identidade era delimitada frente a judeus e a grupos considerados heréticos. Os debates eram tomados por um tom retórico e agressivo. Assim, alguns modelos de cristianismo vão se consolidando frente a outros, alguns caminhos que bifurcam são escolhidos em detrimentos de outros. Temos que, no entanto, fazer duas ressalvas. A primeira é que o que será o cristianismo normativo não será definido ainda até o quarto século. Os movimentos em direção a ele se iniciam no segundo século, mas de forma ainda incipiente. Em segundo lugar, temos que nos lembrar que o cristianismo ainda segue muito plural e difuso, principalmente, se deixarmos de ler exclusivamente os pais de igreja e sua literatura de refutação de hereges e sistematização de doutrinas.

O cristianismo segue sendo uma religião cujos membros provêm, em sua grande maioria, das camadas subalternas das diferentes regiões do Império Romano. Trata-se de pessoas comuns, artesãos, diaristas, escravos, libertos, comerciantes, marinheiros, soldados, prostitutas, ou seja, gente comum, que luta por sobrevivência em uma sociedade profundamente hierarquizada e desigual. Nesse universo a produção cultural das pessoas – e incluímos aqui suas crenças e práticas religiosas -, por mais criativas que sejam, nunca estão dissociadas da luta por sobrevivência nesse contexto. Essa junção de produção cultural criativa sob condições assimétricas e restritivas chamamos de cultura popular, mais especificamente, religiosidade popular.

Sendo o cristianismo formado por gente dos estratos populares, podemos concluir que seus interesses religiosos não são representados por complicados debates teológicos, que suas ideias religiosas não devem ser buscadas em formas de expressão de elite, como as apologias e os manuais de refutação de heresias. Infelizmente, não temos acesso direto ao que pensavam e produziam os cristãos das camadas subalternas da sociedade, uma vez que se utilizam principalmente da oralidade para se expressar e para trocar informações.

Podemos imaginar que tampouco tivessem a mesma agenda de interesses que os poucos cristãos letrados de elite (ou de estratos sociais mais próximos ideologicamente das elites). O cristianismo popular estaria mais antenado com debates teológicos ou com a busca por orações poderosas que promoviam a cura dos enfermos e debilitados? A documentação que dispomos no mundo antigo, em especial do Egito do período romano, sobre práticas religiosas de cura nos conduz nessa direção. Os Papiros Mágicos Gregos, coleção de fórmulas de magia desse período encontrada no Egito, nos traz uma grande coleção de instruções para realização de rituais para cura de enfermidades, proteção contra inimigos, exorcismo, obtenção de sonhos oraculares etc. Neles vários deuses são invocados e, entre eles, o IAO, Deus dos judeus e seus anjos. O que se busca nesse tipo de religiosidade não é o seguimento de uma doutrina correta, mas a obtenção do poder divino eficaz para a condução da vida com saúde e proteção. Nesse sentido, religião, suas narrativas, sua sabedoria, suas práticas, redes de solidariedade etc. caminham lado a lado com a busca por estratégicas para sobrevivência, transmissão de máximas e conselhos sobre como sobreviver em uma sociedade injusta.

A cultura popular também tem uma outra característica que completa o que dissemos acima. Ela busca alimentar a imaginação de sociedades alternativas, de subversão das hierarquias e dos poderes constituídos. Trata-se do que alguns teóricos chamam de "carnavalização", de apresentações de mundo de pernas pro ar, de questionamentos estabelecidos por meio de vozes que vêm de baixo. Temos isso no cristianismo primitivo? E em especial no segundo século, quando os discursos parecem tão controladores e restritivos? Há um conjunto de narrativas desse período que se propõe a narrar as origens do cristianismo a partir de questões de seu presente. Trata-se da literatura que se convencionou chamar de "Apócrifos do Novo Testamento". Esses textos só passaram a ser designados dessa forma a partir da constituição do cânon do Novo Testamento, quando concílios da igreja antiga do quarto século definiram quais textos comporiam o Novo Testamento e quais, por consequência, seriam excluídos. Em sua origem, no entanto, esses textos não têm nada de herético ou mesmo de marginal. Eles eram os textos que circulavam entre as comunidades cristãs no Mediterrâneo e que serviam para sua edificação e mesmo entretenimento. Entre eles podemos citar os evangelhos apócrifos, que davam sequência ao ímpeto de narrar mais cenas e episódios sobre a vida de Jesus de Nazaré. Já nos evangelhos mais antigos percebemos essa tendência de imaginação criativa. Os relatos sobre o nascimento de Jesus foram compostos mais tarde que os demais materiais dos evangelhos sinóticos (Mateus e Lucas), uma vez que os cristãos tinham curiosidade sobre o nascimento do Messias e seu significado. Nos apócrifos, esse exercício imaginativo deu outros passos à frente: foram elaborados os evangelhos de infância, ou seja, a vida familiar do menino Jesus, sua educação, seu relacionamento com outras crianças, suas peraltices, suas primeiras referências. Essas narrativas se estenderam sobre outros aspectos da vida de Jesus, como sua correspondência, sua descida aos infernos, sua ascensão etc.

Há um conjunto de textos muito interessante para entendermos os horizontes culturais de cristãos e cristãs das camadas populares nesse período. Trata-se dos Atos Apostólicos Apócrifos. É um conjunto significativo de textos compostos, em sua maioria, entre o segundo e o quarto século, sendo os mais antigos deles, os Atos de André, de Pedro, de João e o de Paulo, certamente do século segundo. Esses textos narram a missão e as aventuras dos apóstolos nas mais diferentes regiões do Império Romano. Nesses textos há relatos de intrigas domésticas, afinal os apóstolos seriam especialistas em converter mulheres de elite e de separa-las de seus leitos conjugais. O ideal desses cristãos era a castidade, mesmo entre os casados. Também há relatos de curas públicas espetaculares, nas quais ressurreições não eram incomuns. Os apóstolos eram intrépidos pregadores que desafiaram o poder religioso pagão e político. Essa ousadia em desafiar o poder político, associado à sua intromissão na relação de casais de elite, os levou ao martírio. Paulo, Pedro, André, todos são executados pelo poder estabelecido. Nesse sentido, esses Atos Apócrifos se assemelham aos evangelhos: são relatos cujo ápice é a morte de seus heróis. Nesses textos nos chama a atenção a ausência de grandes debates doutrinários, descrição de estruturas eclesiásticas ou de cargos hierárquicos. Os apóstolos estavam mais empenhados em demonstrações miraculosas de poder, representando um cristianismo idealizado, destemido e dinâmico. As perseguições por que passaram os apóstolos são reflexos das tensões a que estavam submetidas as pessoas comuns que seguem a Jesus de Nazaré em uma sociedade na qual sua fé é desconhecida e vista com desconfiança. As cenas dos Atos Apócrifos se alternam entre dois cenários: por um lado, ocorrem nas casas das elites, em suas cozinhas, átrios, alcovas, nos quais esses missionários estrangeiros e de classe baixa se inserem perigosamente e, por outro lado, nas praças, nos mercados, em frente a templos pagãos, espaços nos quais eles têm oportunidade de demonstrar seu poder divino. Se cruzarmos os dados dos Papiros Mágicos Gregos, testemunhas da religiosidade popular milagreira, com a centralidade dos relatos de milagres dos Atos Apócrifos, também poderemos perceber como suas ênfases são comuns:

religiosidade como espaço de práticas para a sobrevivência em meio a situações adversas e injustas.

46

Cristianismo primitivo: Onde termina? Como continua?

Nossa breve apresentação de momentos cruciais no desenvolvimento do cristianismo das origens chega ao final. Nem de longe chegamos a esgotar sua riqueza, diversidade e inventividade. Apenas pretendemos oferecer ao leitor um olhar para além do exclusivamente canônico, de heróis personalizados ou de origens puras e intocadas. Por isso nossa estratégia foi mostrar os desenvolvimentos históricos, em diferentes regiões, com diversos modelos de expressão e organização. Tampouco fomos exaustivos na abordagem cronológica. Não nos detivemos em debates de datações, nem na definição exclusiva de inícios e finais. Uma pergunta que pode intrigar o leitor é: afinal, até quando esse movimento inicial de expansão, de autodefinição e de tensão com o poder estabelecido pode ser delimitado? Ou seja, quando o cristianismo deixa de ter essa verve de religião nascente e se torna uma instituição estabelecida de sua sociedade? Nossa resposta é dupla: em primeiro lugar, em perspectiva cultural, não podemos delimitar esse processo inicial para todo o movimento cristão. Há temporalidades diferentes para processos socioculturais diferentes. Os líderes que acessavam as formas culturais retóricas e filosóficas de elite tinham um desenvolvimento mais acelerado rumo a diálogos com o poder e com o estabelecido. Pais da igreja como Irineu, Justino, Tertuliano e Clemente de Alexandria lançaram fundamentos para a sistematização de corpos de doutrinas, organização hierárquica e processos de diálogo com as elites do Império. Não podemos ser injustos com eles: eles também tiveram que administrar tensões com seu mundo cultural, pagando inclusive com a vida. Mas podemos dizer que, de alguma forma, eles aceleram o processo de normatização do cristianismo que permitiu que ele fosse respeitado, reconhecido e, depois, aceito por amplos grupos da população do Império, inclusive por um de seus imperadores em 312, com a conversão de Constantino. Em segundo lugar, entendemos que os cristãos das camadas populares jogavam outro jogo, com outras regras. Seu interesse não era doutrinal, sistêmico, universal. Certamente, não estavam à margem do sistema incipiente que se propunha. Eram cristãos legítimos! Porém, eles direcionavam suas expressões religiosas para outros âmbitos da vida, em diálogos muito intensos com a cultura e com as espiritualidades de seu entorno. Sem esse dinamismo cultural dos grupos populares do cristianismo, as origens, sua expansão e poder de comunicação não teriam sido possíveis. Ao apresentar os processos como duplos, um intelectual, outro popular, não queremos dizer que eram conduzidos por grupos diferentes, mas que são dimensões distintas, às vezes antagônicas, dentro de um mesmo movimento.

Nossa narrativa deve terminar de forma aberta. Não descrevemos o cristianismo como estando pronto, finalizado e bem definido. Há variações regionais que não conseguimos delimitar e apresentar, porque extrapolaria o objetivo deste livro, ou porque não dispomos de informações nesse nível de detalhe. O cristianismo não é no segundo século um movimento pronto, fechado, delimitável. Ele não tem ainda uma autoridade central, tampouco um credo definido, sequer um cânon de textos autorizados. Por conveniência nós podemos delimitar seu período inicial de desenvolvimento até o ano 312, com a conversão de Constantino. Esse evento – independentemente da sinceridade ou não do Imperador – abre espaço para um novo tipo de presença social, política e cultural do cristianismo. Com sua oficialização como religião imperial, em 380, os bispos cristãos ganharam outro tipo de presença social: o cristianismo passa a ser um protagonista político de prestígio. Mas nem por isso as forças culturais dos cristãos dos andares de baixo, das camadas populares, viram-se cooptados. Vida de subalternos é diferente, em diversos regimes, sendo a mesma: lutando contra a escassez de recursos, contra as assimetrias sociais, tendo que dar sentido a seu mundo de trabalho árduo por meio de práticas mágicas, de narrativas imaginativas, de sabedoria eficiente, de rituais de culto etc. Esse movimento de baixo não pode ser delimitado por conversões de regentes, nem por concílios. A vitalidade desses processos culturais perpassa e desrespeita as cronologias.

Nossa jornada começou com uma pergunta: o que teriam as diaconisas da Bitínia, sob tortura, relatado ao governador Plínio? Quais eram suas práticas religiosas? No que criam? Como identificavam a si mesmas? Como exerciam sua liderança entre os cristãos dessa comunidade perseguida? Nossa fonte – a correspondência oficial entre um governador provincial e o imperador – não têm a delicadeza necessária para ouvir essas vozes de baixo, seus medos e seus anseios. A forma como essas escravas sem nome, cujo cargo tem um título que dignifica suas funções sociais – "diaconisas", serventes! –, identificavam-se com Jesus de Nazaré, com ele se relacionavam, a partir daí se reuniam com uma comunidade de destituídos, provavelmente, de origens diversas. Há outros relatos fascinantes sobre cristãos e, em especial, cristãs que foram igualmente interrogados, ameaçados e finalmente condenados à morte, mas, desta vez, provenientes das próprias vítimas, com sua sensibilidade. O mais fascinante deles é o Martírio de Perpétua e Felicidade, que narra os episódios que antecederam a execução de um grupo de cristãos em Cartago no ano 203, protagonizados por uma patrícia, Perpétua, e uma escrava, Felicidade. Nessa obra encontramos sua sensibilidade, medos, obstinação, seus dons proféticos e visionários e o relato de sua execução. Terceiro século adentro, o cristianismo primitivo seguia vivo com uma espiritualidade corajosa e delicada.

A PALESTINA NO SÉCULO I d.C.

- Sidônia
- Sarepta
- Monte Hermon ▲
- Tiro
- Cesareia de Filipe

FENÍCIA

Mar Mediterrâneo

Lago El-Hulé

GALILEIA
- Corazim
- Carfanaum
- Betsaida
- Séforis
- Magdala
- Lago de Genesaré
- Nazaré
- Caná
- Monte Carmelo ▲
- Tiberíades
- Naim
- Monte Tabor ▲

Quison

Rio Jordão

SAMARIA
- Salém
- Samaria
- Siquém
- Monte Garizim ▲
- Arimateia
- Emaús
- Jericó
- Jafa
- Monte das Oliveiras ▲

PEREIA

JERUSALÉM
- Belém
- Maqueronte

MAR MORTO

Armon

JUDEIA

A Palestina no século I d.C.

Império Romano - Século I d.C.

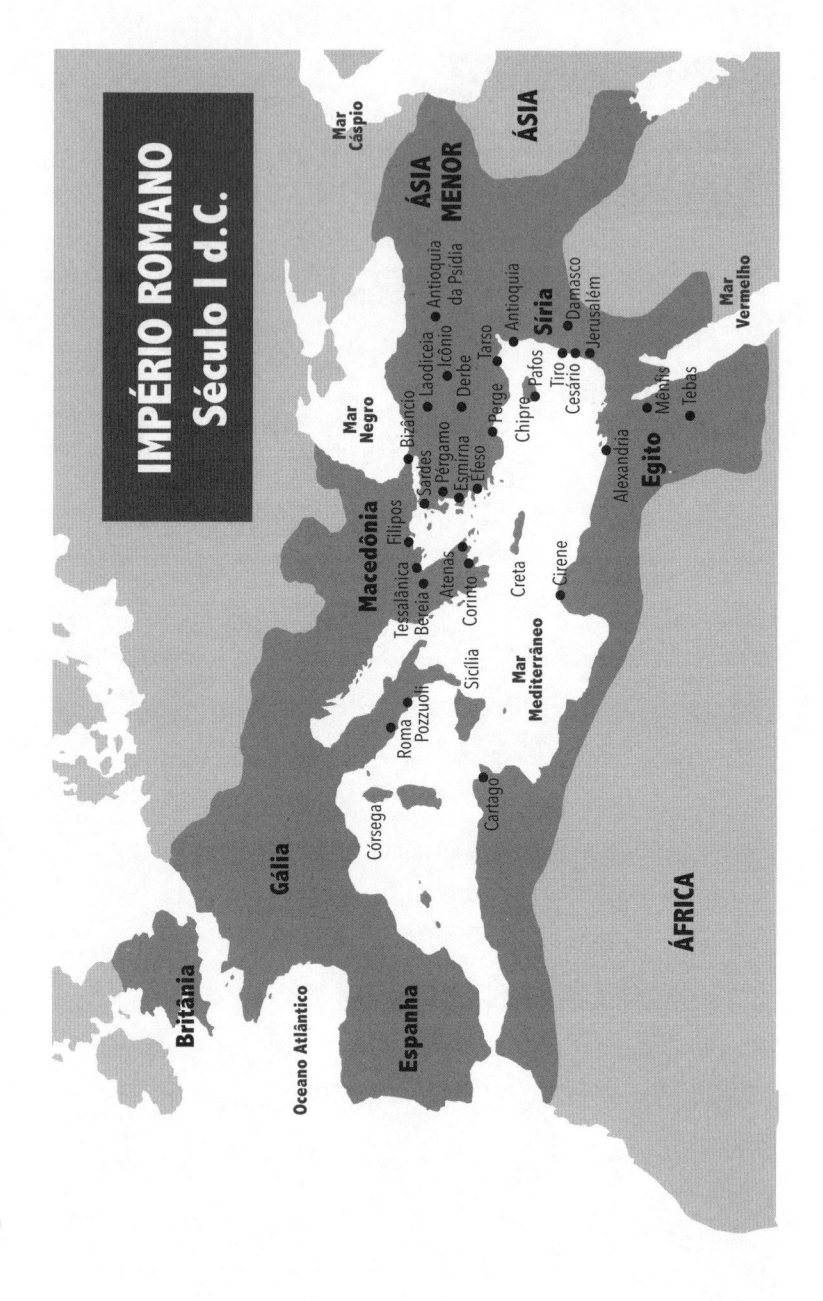

Referência cronológica do Cristianismo primitivo

6-4 a.C.	Nascimento de Jesus de Nazaré
27-28	Ministério de João Batista
27	Início do ministério de Jesus de Nazaré
30	Execução de Jesus de Nazaré
33	Martírio de Estevão
36	Conversão de Paulo de Tarso
37	Fundação da igreja de Antioquia
40	Início da missão paulina
62	Apedrejamento de Tiago, irmão de Jesus
67	Martírio de Pedro e de Paulo em Roma
66-70	Guerra judaica contra Roma
70	Destruição de Jerusalém e do Templo
131–135	Segunda revolta judaica

Data aproximada e hipotética de redação dos principais escritos do Cristianismo primitivo

50	1 Tessalonicenses
53	Gálatas
54	1 Coríntios
57	Romanos
60	Fonte Q
70	Evangelho de Marcos
80	Evangelho de Mateus
90	Efésios e Colossenses
90	Evangelho de João
90	Carta de Tiago
90-100	1 e 2 Timóteo, Tito
100	Evangelho de Tomé
110	Evangelho de Lucas
120	Atos dos Apóstolos
120	Didaquê
120	Evangelho de Pedro
120	Pastor de Hermas
130	Apocalipse de João
140	Evangelho de Infância de Tomé
150	Apocalipse de Pedro

150	Protoevangelho de Tiago
150	Atos de João
160	Atos de Paulo (e Tecla)
160	Atos de Pedro
220	Evangelho de Felipe
230	Atos de Tomé
250	Atos de Felipe
300	Apocalipse de Paulo

Bibliografia selecionada em língua portuguesa

Berger, Klaus. *Psicologia histórica do Novo Testamento.* São Paulo: Paulus, 2011. O título dessa obra engana os leitores. Ela não trata dos conflitos psicológicos dos primeiros cristãos, antes busca reconstruir suas sensibilidades e categorias culturais.

Cristianismos Originários (30-70 d.C.), Pablo Richard (ed.), *Revista de Interpretação Bíblica Latino-americana* 22 (1996). Petrópolis: Vozes. Conjunto de ensaios sobre as origens do cristianismo na Palestina.

Cristianismos Originários Extra-palestinos (35-138 d.C.), Jorge Pixley (ed.), *Revista de Interpretação Bíblica Latino-americana* 29 (1998). Petrópolis: Vozes. Conjunto de ensaios sobre as origens do cristianismo fora da Palestina.

Crossan, John Dominic. *O Jesus Histórico. A vida de um camponês judeu do Mediterrâneo.* Rio de Janeiro: Imago, 1994. Ensaio ousado e abrangente sobre o contexto histórico e social do universo de atuação de Jesus de

Nazaré. É uma das obras de referência na reconstrução de sua vida e atuação.

Crossan, John Dominic. *O nascimento do cristianismo. O que aconteceu nos anos que se seguiram à execução de Jesus.* São Paulo: Paulus, 2004. Pode ser considerada uma continuação de seu "Jesus Histórico". Discute as origens do cristianismo a partir de diferentes modelos de organização e transmissão das tradições sobre Jesus de Nazaré.

Köster, H. *Introdução ao Novo Testamento. Volume 2.* São Paulo: Paulus, 2005. Trata-se da melhor história abrangente da história do cristianismo do primeiro e do segundo séculos, apesar de datar dos anos 80. Propõe uma reconstrução do cristianismo primitivo por linhas de desenvolvimento teológicos, por regiões geográficas e modelos de organização. Apresenta informações introdutórias sobre os escritos do Novo Testamento e dos apócrifos. Fundamental.

Miranda, Valtair. *O caminho do cordeiro. Representação e construção de identidade no Apocalipse de João.* São Paulo: Paulus, 2011. Apresentação da construção de identidade no Apocalipse de João a partir de análise de suas principais visões.

Meeks, W. A. *Os primeiros cristãos urbanos: o mundo social do apóstolo Paulo.* São Paulo: Paulinas, 1992. Interpreta sociologicamente o cristianismo paulino e seu modelo urbano e doméstico.

Murphy-O'Connor, Jerome. *Paulo. Biografia crítica.* São Paulo: Loyola, 2000. Obra introdutória de referência a Paulo de Tarso.

Nogueira, Paulo A. S. *Narrativa e cultura popular no Cristianismo Primitivo.* São Paulo: Paulus, 2018. Desenvolve um modelo de compreensão das origens do cristianismo a partir de sua pertença e relação com a cultura popular do Mediterrâneo. Tem como foco os elementos da cultura popular nas narrativas dos Atos Apostólicos Apócrifos.

Nogueira, Paulo A. S. *O que é Apocalipse* (Coleção Primeiros Passos). São Paulo: Brasiliense (2008). Introdução geral à apocalíptica e ao Apocalipse de João.

Nogueira, Sebastiana Maria Silva. *Viagem aos céus e mistérios inefáveis. A religião do apóstolo Paulo.* São Paulo: Paulus, 2016. Oferece uma análise do modelo de religião visionário do apóstolo Paulo e de seus modelos da mística apocalíptica judaica.

Pixley, J. (ed.) A canonização dos escritos apostólicos. *Revista de Interpretação Bíblica Latino-americana* 42/43 (2002). Petrópolis: Vozes. Coleção de ensaios sobre a canonização do Novo Testamento e suas implicações.

Segal, Alan. *Paulo, o convertido. Apostolado e apostasia de Saulo fariseu*. São Paulo: Paulus, 2010. Apresentação panorâmica de Paulo de Tarso no contexto da religião do judaísmo antigo e sua importância na formação do cristianismo primitivo.

Stegemann, Ekkehard W. & Stegemann Wolfgang. *História social do protocristianismo*. São Leopoldo/São Paulo: Sinodal/Paulus, 2004. Manual de história social do cristianismo primitivo.

Theissen, Gerd & Merz, Annette. *O Jesus Histórico: Um manual*. São Paulo: Loyola, 2002. Obra de referência indispensável para o estudo da vida, atuação e devoção a Jesus de Nazaré.

Theissen, Gerd. *A religião dos primeiros cristãos*. São Paulo: Paulinas, 2009. Um ensaio abrangente sobre o universo cultural dos primeiros cristãos a partir de modelos cognitivos e sociológicos.

Índice

Prefácio 5
Introdução 9

1. Cristianismo Primitivo?
   Que nome é esse? 15
2. Quando começa? Quando termina? 20
3. Do que se diferencia? A que se associa? 25
4. Qual nosso foco: Pessoas? Organização?
   Comportamentos? Crenças? Ideais? 28
5. João Batista 31
6. O início: o batismo de Jesus
   e a audição celeste 33
7. Camponeses visionários 35
8. Milagreiros e profetas itinerantes 38
9. Profecia e milagre 42
10. Primeiros conflitos e controvérsias 45
11. Tomada de consciência?
    (Mc 8 e 9, confissão e transfiguração) 47
12. O Antirrei (entrada em Jerusalém) 50
13. O conflito assumido: Jesus e o Templo 52
14. A execução 54

15. A grande crise: o messias morto 57
16. Mulheres quebram o silêncio 59
17. Refeições com o messias:
    testemunhos de reencontro 61
18. Lideranças emergentes: Pedro, Tiago, João 64
19. Reunião e dispersão 66
20. Dois modelos: reunião para oração
    e missão aos gentios. A execução de Estevão 68
21. Roteiros I: Cesareia, Chipre, Antioquia 70
22. Roteiros II: Samaria, Etiópia.
    E os confins 73
23. Vocação de Saulo de Tarso 76
24. A igreja de Antioquia:
    exaltação e nova identidade 79
25. Antioquia *versus* Jerusalém (At 15) 81
26. Terceiro martírio: Tiago 85
27. A igreja da outra Síria 87
28. Paulo e Barnabé pregam aos gentios 93
29. Galácia: Gentios interpretam a Torá 97
30. Macedônia, Corinto, Éfeso:
    cristianismo nas casas 100
31. A comunidade de Corinto:
    tensões, disputas e carismas 105
32. A caminho de Roma. O martírio 111
33. A catástrofe:
    Jerusalém destruída em 70 d.C. 116
34. Memórias construídas e narradas:
    os três primeiros evangelhos 121

35. Novos debates, novos interlocutores:
    os fariseus 128
36. O mundo às avessas:
    renovação apocalíptica 132
37. Mais e melhores memórias: O Evangelho
    de João e o Evangelho de Tomé 139
38. Como agir no mundo?
    Adaptações e resistências 143
39. O corpo e a sexualidade como problemas 147
40. O Cristo cósmico 152
41. Multiplicidade de modelos comunitários
    e de liderança. Esforços de unificação 157
42. Movimento de propaganda dos Bispos
    (Inácio de Antioquia) 161
43. Rupturas nas origens:
    o judaísmo como problema 165
44. Delimitações internas:
    quem são e o que pensam os cristãos? 170
45. O cristianismo dos grupos subalternos 175
46. Cristianismo primitivo: Onde termina?
    Como continua? 182

A Palestina no século I d.C. 187
Império Romano 188
Referência cronológica 189
Data aproximada e hipotética de redação 191
Bibliografia selecionada em língua portuguesa 193

A marca FSC® é a garantia de que a madeira utilizada na fabricação do papel deste livro provém de florestas que foram gerenciadas de maneira ambientalmente correta, socialmente justa e economicamente viável.

Este livro foi composto com as famílias tipográficas Palatino e Berkeley
e impresso em papel Pólen Bold 70g/m² pela **Gráfica Santuário**.